KB127079

행복을 부르는 52가지 비법

정덕모

"행복을 만나는 시간 15분"

= 책머리에=

두 번째 책에서 만난 멋진 님들께

안녕하세요? 반갑습니다.

2022년, 검은 호랑이가 행복을 가득 담은 두 번째 책을 등에 메고 힘차게 달려와 주었습니다. 동사섭 행복마을에서의 5박 6일의 수련은 평생의 행복을 선물했습니다.

그렇게 받은 선물을 모두와 나누지 못하고 담아놓고만 있는 것이 늘 아쉬웠는데, 이렇게 선물 보따리를 풀어서 나눌 수 있게 되어 빚을 갚은 듯 시원하고 기쁩니다. 그 선물 보따리를 흔쾌히 받으셔서 이렇게 읽고 계신 여러분들 모두 축하드리고 감사드립니다.

요즘 받으신 선물 중에 가장 귀한 선물이 '행복을 만나는 시간 15분'인 것 인정하시지요. 귀한 선물 많은 분들과 나누어서 모든 분들이 '만큼 행복'해지셨으면 좋겠습니다.

더구나 첫 번째 책을 다 읽으시고 두 번째 책을 탐사하러 단숨에 달려오신 것 진심으로 축하드립니다. 첫 번째 책만 읽어도 충분히 행복하실 수 있고, 삶을 지혜롭게 사는 비법을 터득하셨을 것이라 여겨집니다.

이제 두 번째 책까지 모두 읽으신다면 생각은 더욱 확장되고 의식의 폭은 넓어지실 것입니다. 행복해지는 방법을 이렇게 읽고 터득하여 활용할 수 있는 친절한 책 만나신 것 행운이라 생각하시지요. 이제부터 아는 만큼 더 많은 행복과 행운이 쏟아질 것입니다.

복바가지만 준비하셔서 쏟아지는 복을 받으시기만 하면 됩니다. 어디를 가든 길을 알면 목적지를 찾아가기가 수월하듯이 행복해지려면 행복해지는 길을 많이 알수록 좋겠지요.

두 번째 책에는 우리 삶에서 흔히 부딪치는 크고 작은 부정적인 것들을 어떻게 긍정으로 바꾸어 행복해질 수 있는지를 쉽게 풀어놓았습니다.

소확행을 내 삶에서 실현해볼 수 있는 기쁨이 있으실 것으로 기대됩니다. 우리가 느끼는 행복과 불행은 알고 보면 자신의 마음 관리와 인간관계에서 오는 것입니다.

또 그 인간관계는 생각을 말로 어떻게 주고받느냐 하는 작은 것에 달려 있습니다. 자신의 마음 관리도 부정적인 것을 긍정과 감사로 바꿀 수만 있으면 됩니다.

'아는 것이 힘이다. 나아가 아는 것을 실천하면 그게 바로 행복이다.'

한 꼭지를 읽고 일주일씩만 실천하신다면 1년이면 52개의 행복비법이 내 것이 될 수 있습니다.

'행복을 만나는 시간 15분'을 만나신 인연으로 우선 내가 행복해지고 주변을 행복하게 만드는 훌륭한 인품자가 되시기를 빕니다.

내 삶의 목적과 큰 꿈은,

나와 모두의 행복을 위해 살아가는 지고한 인품자가 되는 것입니다.

고맙습니다. 사랑합니다. 축복합니다. 행복하세요.

2022년 1월

홍유릉이 있는 금곡마을에서

정덕모 올림

목차

Ⅲ 무한한 의식의 세계

Ⅳ 최고의 인품자로 살아가는 행복의 길

아하, 그렇구나!

깨달음은 요란한 사건이 아니다.

깨달았다 하면,
속에서 무슨 스파이크가 작열하는
유별난 일이 생기는 것으로
생각하는 사람들이 있다.

깨달음이란, 내 안에서
"아하, 그렇구나, 이제 알았네."
하게 되는 것을 말한다.

이해와 깨달음을 굳이 나눈다면
유위법 쪽의 깨달음을
이해라고 하고

무위법 쪽의 이해를
깨달음이라고 하는 정도이다.

그러나
이해나 깨달음이나 모두
모르던 것을 아는 것에 불과하다.

-용타-

28강 아하!
감동도 연습하면 개발된다

지난 이야기

지난 시간에는 '돈망명상'에 대한 이야기를 나누었지요.

돈망3관은 '그냥있음 아공법공 현실수용'을 깊이 새기며 명상을 꾸준히 해간다면 마음이 탁 트이고 편안해지시리라 믿어집니다.

그중 '현실수용'이 우리에겐 가장 접근하기 쉬운 명상법입니다. 지금 내게 일어나고 있는 모든 일은 내가 제공한 원인에 의해 일어나는 결과입니다. 알게 모르게 내가 지은 것을 내가 그대로 되돌려 받는 것이지요.

그러니 그 일들을 감사히 받아들이고 해결할 문제는 찾아내어 살아온 지혜를 총동원해 해결해 나가면 되는 것입니다. 잠깐 멈춤으로 원인과 과정과 결과를 꿰뚫어 보며 현실수용을 온전히 하는 만큼 지혜롭고 행복한 삶의 큰 문이 열리게 됩니다.

감탄사의 필요성

이제 오늘 함께 생각해볼 주제는 '아하!'입니다.

'아하!'는 감동의 언어, 감탄사입니다. 감탄사를 하면 손가락 한 마디만큼 좋게 느껴지던 일이 손바닥만큼 좋아집니다. 실제보다 더 좋게 느껴진다는 말입니다. '아하, 오예, 앗싸, 와우, 어머나, 훌륭하다, 멋지다.'

이런 감탄사는 사람들에게 긍정적인 느낌을 더욱더 확대해줍니다.

감탄을 하는 것은 엔도르핀보다 400배나 큰 다이돌핀이 생성되기 때문이지요. 그래서 긍정적이고 감성이 풍부한 사람들은 조그만 것에도 '아하!'를 잘합니다. 좋은 감정과 긍정적인 느낌이 마음에 들어오면 순식간에 '아하!'를 하게 되는 것이지요.

이렇게 작은 일의 성취에도 기쁘고 즐겁게 생각하여 감탄사를 연발하는 사람이 있는가 하면, 커다란 기쁨이고 감동 거리임에도 불구하고 돌덩이처럼 표정과 표현이 없고 무덤덤한 사람도 있습니다.

여러분들은 어떤 쪽이십니까? 표현을 하시는 편이신가요? 무덤덤하게 지나가는 편이신가요? 오늘은 감탄 표현을 잘하시는 분들만 모이셨지요?

'아하, 없는 하루는 죽은 하루다.' 살아있는 하루가 되려면 감탄의 표현을 하셔야 합니다. 처음엔 쑥스러워도 연습을 자꾸 하면 표현이 늡니다.

인생이란 무엇입니까? 행복을 지향하며 살아가는 과정입니다.

그럼 행복이란 무엇이지요? 기쁜 느낌, 긍정적인 느낌이 행복입니다. '아하! 라는 감탄 표현을 하는 행동의 순간이 행복인 것이지요.

그런데 그 '아하'가 한 번도 없이 하루가 지나간다면, 그 하루는 죽은 하루가 되는 것입니다. 얼마나 안타깝고 어리석은 일입니까?

아이들은 왜 감탄사를 잃었을까?

아이가 학교에서 우등상을 받았습니다. 그런데 무표정한 얼굴로 우등상을 툭 던집니다. 우등상에 대한 아무런 느낌 표현이 없습니다. 상을 너무 많이 받았거나, 집에서 진정어린 축하를 받아보지 못해서 일수도 있습니다. 여러분들은 아들딸이 우등상을 받았으면서도 얼굴도 무표정하고, 아무 표현도 없기를 바라십니까? 아니면 "아빠, 엄마! 나 상 받았어, 잘했지!" 하며 소리를 치고 들어오는 아이이기를 바라십니까?

마음속에서 작은 일에 감사와 '아하'가 일어나야 하고, '아하'를 표현할 수 있어야 합니다. 사람 사이에 '아하'가 교류되는 하루가 되어야 한다는 것입니다. 그런데 '아하'가 안 일어나서, 표현도 못 해보고 하루를 지냈다 하면 이것은 죽은 시간이고 죽은 인생입니다.

학교를 그만두었던 초창기에 모영어 교실 영업직으로 상담을 하러 가정 방문을 한 적이 있었습니다. 내일이 아이의 생일이라고 엄마는 들떠서 아이 방을 꾸미고, 선물을 준비하고 야단법석을 떨고 있는데, 아이는 시큰둥하고 아무 느낌 없이 딴짓을 하고 있었습니다.

엄마는 아이를 너무 사랑한 나머지 지나치게 과한 대접과 사랑을 해주어 벌써 매사에 시큰둥한 왕이 되었고, 엄마는 호들갑스럽게 끝없이 원하지 않는 이벤트를 많이 하며, 분별없는 사랑을 주어서, 이미 관심 못 받는 신하로 변질한 것입니다.

또 여름방학이 되어 영어 캠프를 하는데 초등 1학년 아이가 왔습니다. 엄마는 아이를 거기 데려다 놓고 골프를 치러 갔습니다. 그 아이는 어려서부터 학원을 뱅뱅 돌았고, 엄마는 자기 취미생활을 즐기는 사이, 아이는 매사에 의욕도 관심도 없는 아이가 되어버렸습니다.

둘 다 부모의 과한 사랑과 욕심으로 감동하는 마음이 땅속에 묻혀 버린 것이지요. 어렸을 때 지나치게 사랑 표현도 칭찬도 하지 않고, 무관심이란 학대를 받았을 경우에도 이런 현상이 나타납니다.

가슴 아픈 일이지요. 이제라도 우리는 알았으니 어찌해야 할까요? 작은 기쁨과 감동을 감탄사로 표현하며 살아야겠습니다. 오래전에 '표현이 활로다.'를 공부한 적이 있습니다. 표현만이 살길입니다.

최고 아빠는 누구일까요?

아빠를 기쁘게 해주려고 아빠 책상 위에 꽃 한 송이를 꽂아 두었습니다. 그런데 그것에 대해 반응하는 아빠의 모습이 다양합니다.

본다, 느낀다, 표현한다로 나눌 때 가장 무심한 아빠는 누구일까요? 그렇죠. 보는 게 안 되는 아빠입니다. 보이지 않으니 느끼지 못하고 표현도 당연히 안 되겠지요. 두 번째는 누구일까요? '본다.' 까지 되는 아빠, 보기는 했으나 느낌도 표현도 없습니다.

세 번째는 '보고 예쁘네.' 하고 느꼈는데 표현을 안 합니다.

최고의 아빠는 어떤 아빠일까요?

그 꽃을 보고, 예쁘다고 느끼고, 고마움을 표현까지 하는 아빠입니다. "와우, 정말 예쁘다. 누가 이렇게 예쁜 꽃을 꽂아놓았을까?" 하며 감탄 표현까지 하는 아빠, 이런 아빠는 살아있는 아빠입니다. 행복을 표현하고 나누는 최고의 모습입니다.

최악의 아빠가 남아있습니다. 어떤 아빠일까요? 꽃이 꽂혀있는 것을 봤습니다. 느낍니다. 그리고 표현을 합니다.

"내 책상에 꽃병에 꽃 꽂아놓은 게 누구야? 잘못 건드려 쏟아지면 책상 위에 있는 것 다 망치는 걸 몰라서 이런 짓을 했어? 당장 치우지 못해" 그 꽃을 꽂은 사람의 칭찬받을 기대에 설레는 마음을 무참하게 짓밟는 것이지요.

내가 그 꽃을 꽂아놓은 아이이고, 그런 벼락 치는 소리를 들었다면 어떻겠습니까? 상대의 마음을 몰라주는 표현을 일상으로 하는 사람과 함께 살아야 한다는 것은 가슴 아픈 일입니다. 보고 느끼고 표현하는 것을 어떻게 하는 것이 행복 지향일지 마음에 오는 게 있으시지요.

혹시 내 부모님께서 이렇게 표현하셔서 상처를 받은 적이 있었다면, 이제 그 상처에서 벗어나 나는 가족에게 긍정의 감탄표현을 하며 살아가는 부모가 되어야 합니다.

가족에게만 이렇게 해야 하는 것이 아닙니다. 인연 닿는 모든 상황과 사람들에게 그렇게 해나가야 하는 것입니다.

이제 '아하'를 하고 살아야 되겠구나 하는 마음이 드시지요. 이것은 모든 상황, 모든 사람을 대하는 태도에 적용합니다. 삶에서 나는 어떻게 표현하며 살고 있는지를 돌아보아야 합니다. 나와 모두를 행복하게 해주는 잣대는 내가 쥐고 있기 때문이지요.

아하는 보고 배우는 공부

그럼 '아하'를 잘 분석해 볼까요? 여기에서 중대한 깨달음이 하나 일어납니다. 우선 '아하'는 기쁨, 긍정의 감탄사이고 느낌입니다.

기쁜 느낌이 있다고 하면 느낌 전에 필히 조건이 있습니다. 이 조건이 무엇이냐에 따라서 그 조건에 상응하는 느낌이 일어나는 것입니다. "오예, 상장을 받고 기뻤어요." "우와 친구가 나를 미인이라고 해서 행복해요." 그런데 열 중 아홉은 '아하'를 하는데, 한 사람만 '아하' 할 조건이 갖추어졌는데도 '아하' 자체가 일어나지 않습니다. 이 사람은 어찌해야 할까요? 안타까운 일이지요.

다른 아이들은 그저 상장만 받아도 팔딱팔딱 뛰면서 기뻐하니까 살아있는 아이들 같은데, 우리 아이는 우등상을 받고도 무심하니 가만히 있다고 하면 문제가 심각한 것입니다.

그 아이에게 "너 오늘 기쁘지 않았니?" 하면 틀림없이 속으로는 "기뻤어." 그럴 수도 있습니다. 표현 방법을 모르거나 쑥스러워 표현하지 못한 것일 수도 있습니다.

이럴 경우에는 느낌을 표현하는 연습을 해서 해결하도록 해야 합니다. 집에서 어른들이 작심하고 '아하' 표현을 하면 달라집니다. 아이들이 어렸을 때부터 '아하'가 생활이 되도록 늘 집안 분위기와 표현에 어른들이 신경을 써야 합니다. 그냥 되는 것은 없습니다. 보고 배운 대로 하게 됩니다. 가풍을 만들어야지요.

아하선을 낮추고 전환하자

그런데 심각한 것은 아예 '별 느낌 없었어. 기쁘지 않았어.' 하는 상황이 일어나는 것입니다. 그것은 중대한 사건입니다. '아하선'이 너무 높기 때문입니다.

'아하선'이란, 바로 '아하'를 일으키는 조건의 높이를 말합니다. 이 조건의 높이는 낮을수록 좋습니다. 작은 일에 감동하고 작은 일에 깔깔 웃을 수 있는 것이 아하선이 낮은 것입니다.

우리 선조들은 웬만하면 웃지 않고 감탄사 표현이라는 것은 거의 하지 않았습니다. 그래야 점잖고 요즘 말로 있어 보였습니다.

그러나 이제는 세상이 달라졌습니다. 과묵한 사람, 심각한 사람, 자기 생각을 표현하지 않는 사람은 대체로 좋아하지 않습니다. 내가 가정, 회사, 어디서든 운영을 하는 책임이 있는 사람이라면, 좋은 생각과 느낌을 자유롭게 표현하는 분위기를 만들 줄 알아야 합니다.

어떤 사람은 조건이 높아도 '아하'가 일어나지 않습니다. '아하'가 일어나지 않을 수밖에 없는 삶의 여정이 있었던 것이지요.

그럼 이 사람이 해야 할 일은 무엇일까요? 본인 안의 문제를 성찰해서 '아하'가 일어나지 않는 이유를 발견하고, 그것을 숙고하면서 '아하' 할 수 있는 상태로 전환해야 합니다. '아하선'을 낮추려 하지 않고, 평생을 통해서 한두 번 올지 말지 하는 높이가 되어야 '아하'가 된다고 하면 안타까운 일입니다.

'나는 백억 정도가 호주머니에 들어와야 '아하'를 하겠어.' 하는 심리가 있다면 그것은 불행 중의 불행입니다.

조건의 높이가 낮더라도 아하 할 수 있는 상태가 되어야 합니다. '아하선'을 낮추도록 해서 '아하'의 횟수가 많아져야 합니다.

'아하선'을 낮추는 방법은 무엇일까요? 간단합니다. 위에서 말씀드린 첫 번째 깨달음으로 돌아가면 됩니다. '아하선'을 낮추어 일어나는 느낌을 찾아내고, 표현해보아야 '아하선'이 낮아집니다.

마무리와 3행시

그런데 이 '아하선'이 제로인 사람도 있습니다. 조건이 제로인데 '아하'가 일어난다는 것입니다. 그런 사람을 성자라고 합니다. 존재하는 자체로 '아하'이기 때문에 그냥 365일을 '아하' 속에서 살게 됩니다. 돈망명상을 꾸준히 해도 갈 수 있는 곳이지요. 끝내는 그런 경지까지 우리 모두 가야 하는데, '아하' 조건이 껑충 높아서 느낌이 일어나지 않는다고 하면 심각한 상황입니다.

인생은 행복 지향입니다. 매사에 감탄할 수만 있다면 행복입니다.

'아하 없는 하루는 죽은 하루다.'

여러분들의 생활 속에서 '아하'를 거듭거듭 찾아내어 표현하시고, 그 표현과 경험을 나누며 사시기를 바랍니다. 내가 처한 환경이 고맙다는 생각을 하면, 감탄은 저절로 나오겠지요.

미국의 생리학자이며 시인이었던 '올리버 웬델 홈즈'가 어떤 모임에 참석했습니다. 참석자들 중에서 그가 가장 키가 작았습니다.

한 손님이 빈정거리며 말했습니다. "홈즈 박사님, 우리처럼 큰 친구들 사이에 있으면 자신이 더욱 작게 느껴지겠군요."

홈즈가 말했습니다. "그렇습니다. 많은 10원짜리 사이에 있는 50원짜리 동전처럼 느껴지는군요."

자신감과 유머 넘치시는 홈즈 박사님의 '아하'였습니다.

오늘은 '감탄사' 3행시로 마치겠습니다.

감 : 감탄사를 계속 표현하다 보면 즐겁고 행복해집니다.

탄 : 탄성을 지르며 '아하, 훌륭하다, 멋지다.'를 연발해 보세요.

사 : 사랑은 이루어지고, 행복은 내 손을 꼭 잡을 것입니다.

고맙습니다. 사랑합니다. 축복합니다. 행복합니다.

만큼철학

더 잘하고 싶다는 욕심을 내면
짜증이 난다.

더 많이 갖고 싶어 하면
불만이 생긴다.

나도 저렇게 잘하고 싶다
비교하면 마음이 일어난다.

한 만큼…
가진 만큼…
나만큼…

만큼철학에 눈뜨면
언제나 행복하다.

QR코드를 스캔하면 행복특강 강의를
시청하실 수 있습니다.

29강 만큼철학
내려다 보지 말고 올려다봐라

지난 이야기

지난 시간에는 '감동의 언어, 감탄의 말을 늘 입에 달고 살자.' 하는 이야기를 나누었습니다. '아하 없는 하루는 죽은 하루다.' 말로 인하여 행운을 불러오고, 행복과 함께 할 수 있다면, 돈도 안 들고 힘도 안 드는데 해야지요.

언제나 자신과 모두에게 감동과 감탄의 언어를 적절히 사용할 줄 아는 훌륭한 인품, 최고의 인품자가 되시기를 바랍니다.

오늘 만남이 행복과 해탈에 '만큼' 좋은 인연이 되었으면 좋겠습니다.

만큼철학의 필요성

이 시간에 여러분과 나눌 공부 주제는 '만큼철학'입니다.

인생은 결국 행복 지향의 과정이라고 했습니다. 행복은 무엇이었지요? 내가 무언가를 바라보면 나에게 어떤 느낌이 만들어집니다. 그 느낌이 좋으면 행복, 나쁘면 불행하다고 합니다. 같은 값이면 행복하면 좋겠지요. 그 행복에 아주 큰 도움이 되는 개념 하나가 '만큼'입니다.

만큼을 이야기하기 전에 우리들이 바라보는 세상을 잠깐 살펴볼까요? 세상은 아주 간단히 딱 두 가지로 구성되어 있습니다. 음과 양, 남과 여, 하늘과 땅, 존재론적으로 보는 세상과 가치론적으로 보는 세상 등입니다.

우리들이 존재론적으로만 세상을 볼 수 있다면, 우리들의 마음은 언제나 행복과 평화일 수 있습니다.

그런데 현실에서 우리들은 가치론적(價値論的)으로 보는 것이 습관되어 있습니다. '좋다-나쁘다 밉다-곱다 크다-작다' 이렇게 가치로 세상을 바라보는 것이 뿌리깊게 습성화되어 있는 것이지요. 존재론적으로만 사는 사람에게는 '만큼철학'이 큰 의미가 없습니다. 세상 모든 것이 있는 만큼 그대로 보이기 때문입니다.

그런데 우리들은 살아가면서 너무도 가치의 높낮이에 길들어져 있어서, '좋다-나쁘다 잘한다-못한다'를 하면서 수없는 갈등과 고통을 일상으로 경험하며 살게 됩니다.

그것을 치료하기 위한 처방전이 바로 '만큼철학'입니다.

이분법적 관점과 다분법적 관점

세상을 가치 차원에서 본다면 어떤 관점으로 보느냐가 문제 됩니다.

많은 사람이 보통 '밉다-곱다'라는 이분법적 관점으로 세상을 보는 것에 익숙해져 있습니다. '잘한다-못한다 미남이다-추남이다' 등 전부 이분법으로 나누어서 생각합니다. 흑백논리라고도 하지요.

그런데 이분법으로 나누어서 가치를 판단하는 것이 행복에 도움이 된다면 아무 문제가 없는데, 반드시 불행의 씨가 되는 것입니다.

존재론은 이분법입니다. 이 방에 아무개 씨가 있느냐 없느냐 할 때, 아무개 씨가 있으면 없는 것이 아니고, 없으면 있는 것이 아니어서 바로 이분법(二分法)입니다. 그래서 존재론 차원에서의 이분법은 아무 문제가 없습니다.

반면 가치 차원에서의 이분법은 많은 문제를 일으키므로 단연 다분법(多分法)이어야 합니다.

공부를 잘하느냐 못하느냐 하는 것을 이분법으로 생각하는 것은 옳지 않습니다. 0점에서 100점 사이까지는 1점, 2점, 3점, 4점… 등등으로 엄연히 다분법, 100분법입니다. 그래서 일단 다분법 관점으로 깨어나야 합니다.

관점에 의해 행불행이 결정된다고 하면 행복할 수 있는 관점을 취하는 게 당연하지요. 삶 속에서 정말 행복을 원한다면, 다분법을 전제하고 생각해봅니다. 그리고 가치판단을 하기 전인 태초의 존재론으로 살아봅니다.

그러나 불가피하게 가치론적으로 산다고 하면, 다분법으로 바라보며 살아야 하는 것입니다. 이분법은 사약(死藥)과 같습니다.

물론 다분법 속에도 함정이 있는데, 그 함정을 피할 수 있는 방법이 바로 만큼철학입니다.

이분법과 다분법

예를 들어볼까요? 50점은 공부를 잘하는 걸까요? 100점을 기준으로 놓고 본다면 50만큼 공부를 못하는 것이지요.

그러나 50점을 맞고도 일단 행복해지는 것이 필요합니다. 행복해야 힘내서 다음 공부를 잘 할 수가 있습니다. 그러기 위해서는 저 밑으로 내려가서 50점을 쳐다보는 것입니다.

그러면 50점은 40점에서 쳐다보면 10점만큼 잘하는 것이요, 30점에서 쳐다보면 20점만큼 잘하는 것이 됩니다. 아예 0점에서 볼 것 같으면 50점만큼 잘하는 것이지요.

그래서 다분법으로 보되 '만큼으로 보아라.' 하는 것입니다. 이러한 사고방식만 익어졌다 하면 행복은 언제나 OK입니다.

일단 긍정 평가로 밝은 기운을 내놓아 행복하게 합니다.

그럼 여러분들은 어찌해야 하겠습니까? 행복하려면 긍정에 눈을 떠야 합니다. 긍정적인 생각과 긍정적인 표현을 할 수 있어야 합니다.

그 비결 하나가 바로 '만큼철학'입니다.

여러분의 얼굴은 밉습니까? 곱습니까? 천하일색 '크레오파트라'에 비교한다면 모두가 '만큼' 곱지 않겠지요. 그런데 아예 '노트르담의 꼽추'에 비한다면 다들 '만큼' 미남미녀입니다.

그래서 밑에서 쳐다보고 만큼을 계산하라 하는 것입니다.

여러분들 키가 크십니까?

'아, 나는 키가 180센티가 되었으면 좋겠어.'

그런데 실은 160센티입니다. 그럴 때 위에서 내려다보면 20만큼 불행합니다. 그러니까 위에서 내려다보는 대신 밑에서 올려다보면서 계산하라는 것입니다. 키가 160센티이면 150센티로부터 10만큼 큰 것입니다.

공부도 마찬가지입니다. 공부를 잘하는가? 못하는가? 만큼 잘하는 겁니다. 그래서 공부하는 사람들에게 해주고 싶은 말이 '만큼철학'입니다.

공부 때문에 얼마나 많은 학생이 스트레스를 받고 있습니까? 아이들이 '만큼철학'을 배우고 익힌다면 항상 행복한 마음으로 공부를 잘하게 될 수 있습니다. 행복하고 만족스러우면 공부를 더 잘하게 되는 것이지요. 누구나 공부를 만큼 잘하는 겁니다.

부모님이 '만큼철학'을 이해하고 있는 어떤 집 이야기입니다.

초등학교 2학년 딸이 40점짜리 시험지를 흔들면서 "아빠, 나 40점 맞았다!" 하고 자랑을 하며 뛰어 들어오더랍니다.

"그래. 야, 정말 잘했구나! 우리 딸 축하해."

얼마나 좋습니까? 수련생 모두가 박수를 쳐주었습니다.

"여러분 노래 잘하십니까?" 틀림없이 노래 못한다고 할 것입니다. 누구하고 비교했기 때문이지요? 유명한 가수들과 비교하고는 못 한다고 하는 겁니다. 그것은 어리석은 일입니다. 나보다 못하는 사람과 비교하면 만큼 잘하는 겁니다.

"그림을 잘 그리십니까?" 못 그린다고요? 마찬가지입니다. 하필이면 그림 잘 그리는 김홍도나 신사임당에 비교할 필요가 어디 있습니까? 내 그림보다 못 그린 그림이 얼마든지 있으니, 내 그림은 만큼 OK입니다.

운동은 어떻습니까? "아, 나 운동 못해. 턱걸이를 3번밖에 못해."합니다. 한번 밖에 못 하는 사람에 비하면 둘만큼이나 더 잘하고 있습니다. 그러니까 전부가 '만큼'으로 생각하면 됩니다.

여러분들 부자 되고 싶으시지요? 그런데 마음속으로는 나는 가난하다. 생각하시지요. 아닙니다. 우리는 모두 만큼 부자입니다.

더구나 코로나 시대가 되어 다른 나라에서는 우리나라를 얼마나 부러워하고 있는지 알고 계시지요?

이미 우리나라는 OECD 7대 상위국에 우뚝 올라섰습니다. 그렇게 생각하니 어떻습니까? 좋으시지요? 그렇습니다. 여러분들은 모두 만큼 부자입니다.

여러분, 행복하십니까? 내가 행복한지 아닌지 묻게 되면, '아, 내가 만큼 행복하구나.' 하는 것을 떠올려 보십시오. 정말로 행복을 원한다면 세상을 바른 관점으로 바라보아야 합니다.

존재 관점으로 본다면 최선이고, 가치 관점으로 보면서 이분법에는 떨어지지 말아야 합니다. 이분법이 아닌 다분법으로 보되, 거기에서도 '만큼철학'으로 세상을 바라볼 줄 알아야 합니다.

그렇게 되면 어떤 처지에 있더라도, 그보다 못한 상황이 얼마든지 있을 수 있는 법이니, 그것에 비하면 만큼 행복하다는 것입니다.

만큼철학으로 행복을 관리하시면서 만큼 행복해지시기를 빕니다.

어쩌면 행복은,

어쩌면 행복은 소나기를 피해 들어간

카페에서 마시는 차 한 잔에 녹아있을지도 모르고

만원 지하철에서 운 좋게

당신 차지가 된 빈자리에 놓여 있을지도 모르며

밤샘 작업을 마치고 돌아오는 길의

싸한 새벽 공기에 스며 있을지도 모릅니다.

행복은 그렇게 늘 가까운 곳에 있습니다.

행복해지고 싶다면

소중하고 아름다운 기억과 칭찬의 말들은 간직하고,

비난이나 고통은 쓰레기통에 과감히 버리는 것입니다.

에이브러햄 링컨이 말했습니다.

"사람은 행복하기로 마음먹은 만큼 행복하다."

- 인터넷에서 퍼온 글-

불가사리의 운명

멕시코의 한적한 해변을 걸어오는 한 노인이 연신 몸을 숙여 무언가를 주워서 바다로 던졌습니다. "어르신 지금 무얼 하고 계십니까?"

"불가사리를 바다로 돌려보내고 있소. 썰물 때 밀려 나온 불가사리는 바다로 돌려보내지 않으면 햇볕에 말라서 죽고 말지요."

"아니, 매일같이 수많은 불가사리가 휩쓸려 올라와 해변 모래밭에서 말라죽는데, 당신이 이런 일을 한다고 해서 무슨 차이가 있습니까?"

노인은 다시 몸을 굽혀 불가사리 한 마리를 집어 올렸습니다. 그는 그것을 멀리 바다로 던져 보내면서 말했습니다. "지금 저 불가사리에게는 큰 차이가 있지요."

마무리와 3행시

모든 것을 다 이루고 누리겠다는 것은 지나친 욕심입니다. 주어진 만큼, 할 수 있는 만큼, 누릴 수 있는 만큼의 행복을 누리는 것이 최고 최선의 삶입니다.

알고 보면 우주의 어떤 사람이나, 동식물이나, 사물이라도 자신이 있는 곳에서 만큼의 일을 하며 만큼의 행복을 누리고 사는 것입니다.

아무리 돈이 많아 큰 집에서 산다고 해도 그것을 한 번에 누릴 수는 없습니다. 지금 내가 서있는 곳만이 내가 누리는 공간이지요. 돈이 많아 차를 100대 사놓은 사람이라도 타고 나갈 때는 한 대 밖에 탈 수 없고, 침실이 100개라도 하나밖에 사용할 수 없습니다.

누구나 만큼의 행복을 누리며 산다는 것에 눈을 뜬다면, 부러울 것도 아쉬운 것도 없습니다. 내가 좋아하는 일을 하며, 만큼의 행복을 누릴 줄 아는 삶이 되시기를 기원합니다.

지금 그렇게 살고 있습니다

어떤 사업가가 오랜만에 며칠 휴가를 내어 바닷가에 가서 쉬고 있었습니다. 점심을 먹고 동네를 돌다 보면 늘 생선을 널어놓고, 바둑을 두거나 책을 읽으며 한가롭게 지내는 사람이 있었습니다.

"무얼 하고 사시나요?"

"네, 배 한 척이 있어 아침에 나가 고기를 잡아 시장에 내다 팔고 남은 것은 이렇게 말려두었다가 먹기도 하고 팔기도 합니다. 그리고 점심을 먹고 나면 바둑을 두거나 책을 읽고 지내지요?"

사업가는 안타까웠습니다. "아니 배까지 있다면 점심 먹고 한 번 더 나가서 고기를 더 잡으면 좋지 않습니까?"

"그래서 무얼 하게요?"

"생선을 더 많이 말려서 팔면 돈을 더 많이 벌 수 있지 않습니까? 돈을 더 많이 벌 수 있을 테니 집도 크게 짓고, 생선 말리는 시설도 해서 사업을 늘리면 금방 부자가 되지 않겠습니까?"

"그래요. 그럼 부자가 되면 어떻게 살게 되나요?"

"아. 그렇게 부자가 되면 하고 싶은 일도 마음대로 하고, 맛있는 것도 맘대로 먹고, 슬슬 노는 것이지요."

"예, 제가 지금 그렇게 살고 있습니다. 아침이면 배를 타고 나가 고기를 잡아서 돈을 벌고, 돌아와 맛있는 것 먹고, 오후에는 하고 싶은 일을 하며, 즐겁게 놀며 쉬며 지냅니다."

오늘은 '만큼 행복'을 줄인 '만큼행' 삼행시로 마치겠습니다.

만 : 만족하게 살려는 욕심을 내다보면 끝이 보이지 않습니다.

큰 : 큼직한 금덩어리가 하나 생기면 한 개 더 갖고 싶어집니다.

행 : 행복을 잡으세요.

'만큼철학'에 눈을 뜨면 행복이 늘 함께합니다.

고맙습니다. 사랑합니다. 축복합니다. 행복하세요.

우주에서 가장 빛나는 별

나는
우주에서
가장 빛나는 별입니다.

웃음과 기쁨을
받아들이는 별

두려움과 고통을
받아들이는 별

어둠을 받아들이는
밤하늘의 빛나는 별

그 별을 바라보면

사랑이 커지고,
슬픔이 사라지고,
어둠이 빛납니다.

마음과 어둠에서
언제나 빛나는 별

나는 우주에서 가장 빛나는
바로
그 별입니다.

30강 자, 어떠세요!
이 순간 최고의 마음 만들기

지난 시간에는 만큼철학에 대한 이야기를 나누었습니다.

두 아들을 둔 어머니가 시장에서 사과 한 바구니를 사와 두 아들에게 좋은 것, 벌레 먹은 것을 똑같이 섞어 5개씩 나누어 주었습니다. 그리곤 아이들이 어떤 사과부터 먹고 어떻게 하는지 유심히 살펴 보았습니다.

형은 제일 좋은 것부터 골라 먹으며 먹을 때마다 좋아했습니다.

"아, 이게 제일 예쁘고 맛있게 생겼네. 먹어봐야지. 야아 진짜 맛있다."

반면 동생은 언제나 나쁜 것부터 골라 먹으며, 먹을 때마다 "못생긴 것부터 먹어치워야지 하며, "에이, 이게 제일 못생겼네. 맛없겠는 걸."

사과를 다 먹은 후에 엄마가 물었습니다. "사과 맛있게 먹었니?"

형이 말했습니다. "네, 1개 빼고 다 맛있게 먹었어요."

그런데 동생은 "나는 1개 빼고 다 맛없었어요." 하는 것이었습니다.

사과를 먹는 동안 누가 더 행복했을까요?

만큼철학에 눈을 뜬 우리들은 누구처럼 먹어야 할까요? 이렇게 어떤 상황에서든지 그것을 대하는 생각과 태도에 따라, 삶이 더 행복할 수도, 더 불행할 수도 있습니다.

이것을 알고 실천하는 힘, 이것이 만큼철학의 지혜입니다.

자 어떠세요?

오늘 우리가 이야기 나눌 주제는 "자, 어떠세요?"입니다.

"여러분들, 지금 어떠세요?" 이것은 영어로 자주 듣는 '하우 아유(How are you)?' 이겠지요. 우리들이 일상생활을 하다 보면 "요즘 어떠세요. 안녕하세요?" 이런 식의 인사를 자주 하게 됩니다.

그것이 오늘의 주제입니다. 지금까지 행복 특강을 들으신 분들은 어떤 대답이 나오게 될까요? 지금 제가 여러분에게 "자, 여러분, 어떠세요?" 그러면 여러분은 '내가 지금 어떤 상태지?' 하고 생각하게 됩니다.

그러니까 "자, 어떠세요?" 하는 순간, 나의 마음은 저절로 '지금 여기'(here and now)로 돌아오게 됩니다. 그리고 어떠냐고 물으니, 나의 상태가 어떤지 마음을 보게 됩니다. 상대방은 나의 상태를 물은 것이기 때문입니다.

나의 상태를 물었으니 나는 어떻게 대답해야 하겠습니까? '나의 상태는 이러이러합니다.' 라고 해야겠지요. 1, 2초 전 상태가 아니라, 바로 지금 상태를 묻고 있는 것임을 알고 대답해야 합니다. 사실 지금 여기에 있는, 이 순간이 내 실존의 전부입니다. 그래서, 이 순간을 보여주어야 할 것 아니냐? 하는 것에 집중하게 됩니다.

지금 내 상태 표현하기

"자, 어떠세요." 하는 물음에 대해서 '지금 여기' 자기 모습을 제대로 보여줄 수 있어야 합니다. 그것을 보여줄 줄 아는 사람과 보여줄 줄 모르는 사람을 비교해 보십시오. '지금 여기', 자신의 상태를 제대로 표현하지 못하는 사람은 죽어있는 것이라고 해도 지나친 말이 아닙니다.

잘 표현하는 사람은 현재에 깨어 살아있는 사람이지요. 지금 깨어 있는 자만이 현재의 인생을 사는 사람입니다.

인생은 현재밖에 없습니다.

과거는 지나갔으니 없고, 미래는 아직 오지 않았으니 없는 것입니다.

이것은 어떤 순간이 와도 마찬가지입니다. 물론 현재도 찰나무상이니 따지자면 없는 것이지만, 조금 양보하면 현재밖에 없는 것입니다.

그래서 지금 여기 나에게 깨어있지 못한다면 그 삶은 무엇인가 혼이 빠진 삶이 됩니다. 언제나 지금 여기로 돌아와서, "지금 나, 이렇습니다." 하고 비추어줄 수 있는 답이 참신하게 나와야 합니다.

여러분에게 "자, 어떠세요." 하면 "나, 이렇습니다." 하며 몇 점짜리로 대답할 수 있으실까요?

대답하는 비결 첫 번째,

그러면 첫 번째 대답은 어떻게 하셨습니까?

세상 사람들이 나에게 "안녕하세요?", "잘 지내고 있니?" 하고 물을 때는 대체로 나의 희로애락에 관해서 관심을 가지고 묻는 것은 아닙니다. 그냥 의례적인 것이고, 그래서 의례적으로 대답하면 됩니다.

미국에서는 아침에 "How are you?" 할 때 "I'm so so." 하면 실례입니다. 무조건 "I'm fine." 해야 합니다. 이것이 정답입니다.

내가 너의 "so so."를 들을 시간도 없고, 관심도 없다는 말이지요. 친밀한 친구 사이에서는 물론 달라지겠지만 보통은 그렇습니다.

우리나라도 비슷합니다. 누가 얼마나 상대방 속 사정을 알고 싶어 하겠습니까? 그냥 가벼운 인사말로 하는 것입니다. 그러니까 가벼운 인사로 말할 때에는 나의 희로애락을 구구절절하게 내놓으려 애쓰지 않아도 좋다는 말입니다. 그때 내가 내놓을 답이 바로 첫 번째 답입니다.

상대가 어떤 차원으로 나의 상태를 묻든지 간에, 내 쪽에서는 최고의 답을 내놓겠다. 하고 미리 준비해 두는 것입니다.

그래서 "어떠세요?" 하는 순간에 정신을 바짝 차리고, 나의 상태를 최고 행복 차원으로 끌어올려 언제나, "나는 행복합니다"가 나오도록 하는 것입니다. 사실 이것은 상대방이 나에게 묻든지 안 묻든지 상관이 없습니다. 준비된 내 삶의 방향이고 목표인 것이기 때문이지요.

그래서 자기에게 늘 물어보아야 합니다.

"주인공, 너 지금 어때?" "으흠 나, 당연히 행복하지!"

대답하는 비결 두 번째,

여기에서 우리들이 대답하는 비결을 말씀드리려고 합니다. 이 비결에 우리들이 눈을 뜨게 되면 행복 수위가 쑤욱 올라가게 될 것입니다. 답은 두 가지인데, 제가 여기에서 권하는 것은 첫 번째 답입니다.

그러나 두 번째 답부터 말해보겠습니다. 상대방이 나에게 관심을 가지고 나의 상태를 묻습니다.

"너 요새 어때?" "응, 나 요새 기분 좋게 살아."

"그래? 무슨 일로?"

"상장을 하나 받았는데, 그것 때문인지 요즘 기분이 좋네." 하고 대답을 하면 상대가 듣고 싶어 하는 나눔 차원의 답을 잘한 것입니다.

"우리 남편이 어제 엉뚱하게 돈을 많이 쓰고 들어왔더라고, 그래서 속이 팍 상했는데, 아직도 그 상태로 있어."

이것이 바로 지금 여기 나의 모습, 실존적인 현실의 모습입니다. 지금 내 모습을 산뜻하게 내놓고 공유하는 과정입니다. 이것이 인생에 있어서 대단히 중요합니다. 이것은 나눔 차원의 엔카운터(encounter)적 답이라고 합니다. 이런 나눔 차원의 답을 하실 때는 느낌을 꼭 내어놓아야 합니다.

참 만남이 되려면 어찌해야 한다구요? 나의 희로애락, 감정, 느낌이 표현되고 나누어져야 합니다. 평상시 다른 사람과의 대화에서도 마찬가지로 지금 여기 나의 희로애락을 내놓는 것이 두 번째 답입니다.

이 순간 최고의 마음 다지기

어떤 선사께서는 이렇게 하셨다고 합니다. 지금 여기에 깨어있고 지금 여기 최고의 행복을 관리하기 위해 항상 자기 이름을 불렀습니다.

"주인공,"하면서 자신을 부르는 것입니다. 그리고는 "지금 어때?"하면서 "아, 나 행복하지."라고 대답하며 정신을 차렸다는 것입니다.

그러니까 여러분들은 스스로가 "어떠세요?"하고 묻기도 하고, 상대방이 물었을 때도 이 순간을 나의 베스트권으로 말 할 수 있도록 내 행복 수위를 높여 놓아라 하는 것입니다.

높이는 방법은 무엇이 있을까요?

첫 번째 방법은 이렇게 자신에게 늘 질문하는 것입니다. 아는 것을 내 것으로 만들려면 마음공부도 언제나 연습이 필요합니다.

어떤 순간이든 나의 상태를 최고의 행복으로 이끌어 주는 것은 누구입니까? 바로 내 자신입니다. 아무도 나 대신 나의 행복 수위를 높여줄 사람은 없습니다. 스스로가 행복 수준을 최고로 높이는 방법을 개발해서 장착하고 표현하며 살아야 하는 것입니다.

어떤 분은 자기에게는 고명딸이 있는데 그 딸만 떠올리면 뿅~가게 행복해진다고 하셨습니다. 그것도 괜찮겠지요.

그런데 이런 일은 없어야겠지만, 그 고명딸이 갑자기 아프거나 사고로 죽게 될 수도 있습니다. 그렇게 되면, 딸만 떠올리면 슬퍼지고 불행해질 수 밖에 없습니다. 어떤 것에 의해서 내가 행복한 것이 아니라, 그냥 행복해야 합니다. 아무 조건 없이 행복해야 그 행복이 지속될 수 있습니다.

두 번째는 그냥 있음, 아공법공, 현실수용의 돈망명상을 꾸준히 하시길 권해드립니다. 사람이나 돈, 명예는 무상(無常)합니다. 변한다는 것입니다. 있다가도 없고, 좋아하다가도 싫어질 수가 있습니다. 변하는 것을 조건 삼아 행복해지는 것이 아니라, 영원 차원의 것을 마음속에서 떠올리면서 행복을 확인하고, 그 행복을 비추어 주는 것이 최고의 답이 될 수 있습니다.

세 번째는 우리가 지금까지 잘 하고 있는 긍정과 감사와 지족에 늘 깨어 찾아내고, 표현하며 살아가는 것입니다. 네 번째는 지금까지 공부하신 행복특강을 마음 창고에 잘 정리해두고 수시로 꺼내 활용하신다면, "자 어떠세요?" 하고 물었을 때 막힘없이 답이 나올 것입니다.

행복을 위한 최고의 답들을, 명상과 사유를 통해 내 것으로 만들어 지금 여기, 최고의 행복을 만들고 표현하며 살아가시기를 기원합니다.

오늘은 '어때요' 3행시로 마치겠습니다.

어 : 어떠세요? 하고 누군가가 물어온다면

때 : 때에 따라 변하지 않는, 최고 상태의 답이 술술

    나와야 합니다.

요 : 요렇게 말하세요.

    "그냥 있어도 만사 OK입니다"

    "지금 이대로 좋습니다."

    "지금 이대로 행복합니다."

    "지금 이대로 최고입니다."

고맙습니다. 사랑합니다. 축복합니다. 행복하세요.

OP100의 원리

사는 것은
사실학일까? 해석학일까?
해석학이다.

해석을 어떻게 하느냐가
행불행을 결정한다면
어느 쪽으로
해석을 하는 게 좋을까?

내가 지금 처한 현실인 P점이
객관적으로 60이라 해도
내가 90으로 해석해서
행복해진다면

그것이
OP 100의 원리이다.

같은 현실
다른 해석
그것이 우리의 삶이다.

같은 현실
다른 관점
그것이 각자의 행복 점수이다.

31강 OP100의 원리
관점이 행복을 만든다

지난주에는 시시때때로 받는 "요즘 어떠세요?"라는 의례적 인사에 어떻게 최고의 답을 할 것인가?에 대한 이야기를 나누었습니다.

행복 수준을 최고로 끌어올리기 위한 4가지 방법 잊지 않으셨지요?

첫 번째는 자신에게 평소에 수시로 질문하고 답을 해봅니다.

"주인공~" "지금 어때?" "응. 나 행복하지."

두 번째는 조건이 없는 행복을 내 것으로 만들기 위해 돈망명상을 꾸준히 하시기를 권해드렸습니다. 그냥있음, 아공법공, 현실수용으로 "나 행복합니다."를 자신 있게 언제라도 말할 수 있었으면 좋겠습니다.

세 번째는 감사와 만족할 줄 아는 지족명상을 표현하며 살아가면 됩니다. 지금 이대로 아주 좋아요. 이대로 행복합니다.

네 번째는 이 책을 늘 가까이 두시고 필요할 때마다 펼쳐 보고, 들으시면 좋겠습니다.

누구라도 나에게 어떠세요? 라고 물으면, "나는 행복합니다."가 술술 나오는 삶이 되시기를 기원합니다.

OP100의 원리란,

이 시간 공부주제는 'OP100의 원리' 입니다.

'OP100'이 무슨 뜻일까요? 의미와 재미가 숨겨진 행복의 원리입니다.

O는 제로, 또는 영(0)입니다. 삶에서 이루고자 하는 일의 시작점을 말하는 것입니다. 그러면 100은 당연히 이루고자 하는 일의 완성된 자리, 목표 지점을 말합니다.

우리의 삶은 잘 살펴보면 항상 0과 100 사이의 어떤 지점에 항상 있습니다. 이 과정의 어떤 지점이 현실인 것입니다.

그래서 P는 처해있는 현실의 한 지점을 말합니다. '나의 현실은 여기야.'라고 생각하는 지점이 되는 것이지요. 우리는 언제나 행복하기를 원합니다.

그래서 인생은 결국 행복지향이라고 했습니다. 원하는 것이 이루어지거나, 성취되었을 때 오는 긍정적인 느낌이 행복이라고 했습니다. 성취, 소유, 실현, 구현되었을 때 일어나는 기분 좋고 기쁜 느낌인 것이지요.

그러니까 우리들은 그 긍정적인 느낌을 찾으려고, 긍정적인 느낌을 더 긍정적으로 만들려고 아침부터 저녁까지, 태어나서 죽을 때까지 무엇인가를 끊임없이 하게 됩니다. 사람이 어떻게 하면 보다 행복해질 것이냐 하는 것은, 언제나 가장 궁극적이고 본질적인 주제입니다.

이 본질적인 주제를 해결하기 위한 명상거리 중의 하나, 그것이 'OP100의 원리'입니다.

같은 현실, 다른 생각

자, 그럼 이렇게 생각해 봅니다.

0에서 100이 있다면, 우리는 누구나 100을 원합니다. 100을 원하는데, 현실은 0과 100 사이 어느 지점, P에 있게 됩니다.

예를 들어보면, 수학 시험에서 100점을 맞고 싶은데 60점을 맞습니다. 그러면 P는 60이 되는 것입니다.

돈을 100만 원을 벌고 싶은데 50만 원밖에 못 벌었다 하면, 현실은 50에 머무르는 것이지요.

또 좋아하는 사이다가 컵에 가득 있기를 바랐는데 반 컵이 담겨있다 할 때, P점이 50이면 다행인데, 더워서 한 컵을 원했다면 불만이 터져 나와 50이란 P점이 내게는 20이나 30으로 느껴질 수도 있습니다.

우리의 현실은 내가 원하는 것을 항상 다 채워주지도 않지만, 채워졌다 하더라도 그 결과를 받아들이는 것이 각각 다르다는 것입니다. 사실 모든 사람의 현실은 비슷합니다. 이런 비슷한 현실 속에서 어떤 사람은 '나는 행복하다.' 하고 사는가 하면, 어떤 사람은 '나는 불행하다.' 하며 살고 있습니다.

어떤 사람이 불행합니까? 불평불만이 많은 사람, 만족할 줄 모르는 사람, 감사할 줄 모르는 사람이 대부분 불행합니다.

그래서 행복이란 사실이나 현실의 문제가 아니고, 사실이나 현실을 바라보는 관점이나 태도의 문제임을 알 수 있습니다.

이 부분에 깨어있는 정도에 따라, 더욱 높은 행복을 얻을 수도 있고 낮은 행복을 얻을 수도 있는 것입니다. 안타깝게도 같은 상황인데도, 어떤 사람은 불행 속에서 헤매며 살 수도 있습니다.

어디에 주목하는가,

OP100에서 우리들이 깨닫게 되는 것이 있습니다.

OP100의 현실은 누구나 비슷한데, 이 현실을 어떻게 바라보느냐에 따라 행복할 수도 있고 불행할 수도 있다는 것입니다.

불행한 사람은 OP100에서 앞으로 이루어야 할 P-100에만 집중하여, '이루어야지, 이루어야만 해.' 하면서 미래에 이루고 싶은 부분에만 집착하며 속을 끓입니다.

'이미 이룬 O-P'에 대해서는, 이미 이루어져 있기 때문에 별로 관심을 두지 않습니다. 앞으로 이루어야 할 것에만 집착을 하면서, 고통과 스트레스를 받는 것이지요. 바로 불행을 스스로 가져다 겪는 것입니다.

그런데 똑같은 이 OP100에서, 어떤 사람은 P-100은 앞으로 지향해가자 하며, O-P라는 이미 이루어진 부분에도 관심을 둡니다.

'이미 나에게는 이만큼이나 확보되어 있지 않은가!' 라고 생각하며 어려운 상황이 와도 대수롭지 않게 생각하는 것입니다. 이런 사람은 '사이다가 반 컵이나 있구나' 하면서 있는 쪽에 관심을 두고, 있는 부분을 확인하며 만족합니다.

똑같은 현실을 두고서 있는 부분은 보지 않고, 없는 부분에만 집착하는 사람과 '없는 부분은 앞으로 성취해나가면 되지.' 하며, 이미 성취한 부분을 주목하는 사람은, 같은 상황이 와도 다른 현실로 나타날 수밖에 없습니다.

어디에 주목하느냐? 가 행복과 불행을 결정할 수 있다는 말입니다.

관심을 가지면 점점 P점에 가까워진다

여기서 하나 더 깨달아야 할 것이 있습니다. 이미 성취한 O-P가 얼마나 되는가? 하고 살펴보면 볼수록 놀랍게도 P점이 점점 올라가서 P점이 100에 가까워질 수가 있습니다.

그리고 제대로 깨달았다 하면, P가 올라갈 것도 없이, 나는 이대로 100점 만점이다 하게 됩니다. 현재에도 만족하며 여유롭게 미래를 지향해 가는 것이지요. 그래서 우리들은 이미 성취된 부분을 확인하는 작업을 해야 합니다.

이미 성취된 부분을 확인하다 보면, 지족감으로 P점이 점점 올라가게 됩니다. 나는 70 만큼은 되어 있지만 '30은 부족해.' 라고 생각했는데, 명상을 하다 보면 되어 있는 부분이 점점 많이 발견되며 만족감이 높아지는 것입니다.

"아, 내가 노래를 상당히 잘하네?"

"키가 커서 좋다는 것을 미처 생각 못 해봤네."

"아이고, 부모님 아니면 세상에 태어나지도 못했을 텐데."등등 이미 갖추고 있던 P점들이 마구 쏟아져 나옵니다.

그러다 이 P점을 99까지 끌어올릴 수 있게 되는 것입니다.

마지막 1%

그러면 왜 1%는 남겨두어야 할까요? 그 1%는 한 깨달음을 크게 해야 얻어지기 때문입니다. 그냥 있어도 만사 OK인 상태가 될 수 있어야 하는 것이지요.

99까지 올라가게 하는 것은 70억 인류 누구에게나 가능한 일입니다.

OP100의 원리를 활용해서 명상하는 것을 지족명상이라 하는데, 지족명상을 하게 되면 시간의 차이가 있을 뿐이지 누구나 99까지 올라갈 수가 있습니다. 그러다 마지막 1까지 깨달았다 하면 행운의 100을 성취하는, '무한이 열리는 깨달음을 얻게 되는 것'입니다.

인도의 시성 타고르

'인도의 시성 타고르'는 젊은 시절, 보름달이 크게 뜬 날 밤, 나룻배 안에 작은 촛불을 켜놓고 '아름다움이란?' 책을 읽고 있었습니다. 밤이 깊어 잠을 자려고 '타고르'가 책을 덮고 촛불을 껐습니다.

그 순간 생각지도 못한 기적이 일어났습니다. 그 작은 촛불이 사라지는 순간, 나룻배의 창문으로 달빛이 춤을 추며 흘러들어온 것입니다. 달빛이 나룻배 안을 가득 채웠습니다. 그것은 놀랍고도 신성한 경험이었지요.

뱃전에 나가서니 고요한 숲에 떠오른 달은 너무나 아름다웠고, 강물이 숨을 죽이고 천천히 흘러가는 모습의 아름다움에도 넋이 나갔습니다.

그 감흥을 글로 남겼습니다.

아름다움이 나를 온통 둘러싸고 있었습니다.

그럼에도 나는 그것을 모르는 채,

'아름다움이란?' 책 속에 파묻혀 있었습니다.

아름다움은 책 속에 있는 것이 아니라

세상 속에 존재하고 있었는데,

내가 켜놓은 촛불이 그 아름다움을 가로막고 있었습니다.

그 작은 촛불 때문에

달빛의 아름다움이 내 안으로 들어올 수가 없었습니다.

그리고 '아름다움에 관한 책'이 그 아름다움을 가리고 있었습니다.

-타고르의 일기 (오쇼 라즈니쉬)-

현재의 아름다움을 볼 수 있는 마음을 가로막는

당신의 '아름다움이란? 책'은 무엇일까요?

현재의 아름다움을 볼 수 없게 만드는

내 안의 '작은 촛불'은 무엇일까요?

무엇이 손짓하는 나의 행복을 가로막고 있는 것일까요?

마무리와 3행시

'OP100의 원리'를 잘 기억하시기 바랍니다.

모든 사람은 'OP100'이라고 하는 똑같은 현실 속에 있는데, 현실을 어떻게 보느냐에 따라 행, 불행이 결정됨을 깨달아야 합니다.

어리석고 불행한 자는 아직 없는 부분을 집착하고, 아쉬워하며 만족을 모릅니다. 행복한 사람은 이미 갖추어져 있는 부분을 유념하여 '아, 내가 이미 넘치는 소유 속에 있구나!' 를 깨닫고 누리며 삽니다.

현실은 같은데 어떤 사람은 행복한 삶을 살고, 어떤 사람은 불행한 삶을 산다는 것은 참으로 안타까운 일이지요.

우리의 현실은 언제나 넘치는 소유와 넘치는 행복 속에 있습니다. 그것은 깨닫는 자의 몫입니다.

OP100이라고 하는 이 행복도구의 지혜로운 명상을 통해, '나는 이미 넘치는 소유, 넘치는 행복 속에 있음을 깨닫는 행운'이 함께 하시기 바랍니다.

오늘은 'OP백' 3행시로 마치겠습니다.

오 : 오피백의 원리를 공부한 공덕으로

피 : 피해 다닐 불행도, 쫓아 다닐 욕망도

　　 모두 내 관점임을 깨달았으니,

백 : 백만장자의 행운을 아낌없이 누리시기 바랍니다.

고맙습니다. 사랑합니다. 축복합니다. 행복하세요.

1그램 1톤의 원리

내가 내놓은 사소한
1그램의 표현이
어떤 사람에게는
1톤의 무게로 느껴질 수 있다.

평생
그의 인생에 영향을 미친다.

플러스 1톤이면
다행이나
마이너스 1톤이라면
불행이다.

우리의 표현은
언제나 플러스 1톤이 되어야 한다.

덕담, 격려, 지지와 같이
상대를 살리는 말이 아니라면
침묵하라.
그것이 베스트다.

32강 1그램 1톤의 원리
자아를 꽃피우게 하는 1그램의 원리

 지난 이야기

지난 시간에는 'OP100의 원리'에 대한 이야기를 나누었습니다.

OP100의 원리는 행복이란 삶의 목표에 도달하기 위한, 하나의 해답이지요. 살아가면서 우리의 현실을 살펴보면, 무엇이든 내가 원하는 대로 항상 다 채워지지 않습니다.

설령 다 채워졌다 하더라도 그 결과에 대해 받아들이는 것이 각자 다르다는 것을 알았습니다. 그래서 행복과 불행이란 사실이나 현실의 문제가 아니고, 사실이나 현실을 바라보는 관점이나 태도의 문제임을 알 수 있었습니다.

관점과 태도가 긍정에 깨어있으면 행복이고, 부정에 빠져 있으면 불행한 것이니 긍정과 만족과 감사의 마음으로 "나의 행복을 99점, 100점까지." 끌어올리는 삶이 되시기를 빕니다.

1그램 1톤의 원리

이 시간 나눌 공부 거리는 '1그램 1톤의 원리'입니다.

1그램과 같은 극히 적은 노고로, 1톤과 같은 큰 성과를 거둘 수 있다는 원리를 말합니다. 1그램을 입력했는데 1톤을 출력할 수 있다면 얼마나 좋겠습니까? 현대 심리학의 이론 중에 매슬로우의 욕구 위계설이라는 것이 있습니다. 사람의 욕구는 단계를 따라 발현하게 된다는 이론입니다.

사랑욕은 인정욕이 성취되면 등장하고, 사랑욕이 성취되면 자아실현욕이 발동하게 되고, 자아 실현욕이 발동되어야 자아실현의 삶을 살게 된다. 하는 이론입니다.

결국 인생은 궁극적으로 자아실현의 과정을 갖지 못하면, 그저 자기 속에 있는 결핍 해소만을 위해 전전긍긍하는 삶을 살게 됩니다.

그럼 어떻게 해야 자아실현을 하며 살 수 있을까요?

어릴 때부터 가정이나 학교에서, 부모님과 선생님들에게, 또는 주변 사람들에게 충분한 사랑과 인정을 받고 자라면 좋겠지요. 그렇게 자란다는 것은 큰 축복입니다. 그렇게 자란 사람은 자아실현의 삶을 빨리 만날 수가 있습니다.

그러나 모두 그렇지는 못합니다. 지금부터라도 어떤 1그램을 투자하여 어떻게 1톤을 생산할 수 있을지, 우리가 그 환경을 만들어주고자 하는 것입니다.

어떻게 자아실현을 할까?

칭찬은 고래도 춤추게 한다는 말이 있지 않습니까? 고래가 칭찬 한마디에 춤춘다는 것은, 말하자면 바다의 왕인 고래도 사랑욕, 인정욕을 가지고 있다는 뜻입니다. 사랑받고 인정받으면 그 거대한 고래까지 춤을 추게 되니, 인간은 더 말할 필요가 없습니다. 인간은 일단 정서적으로 여린 법입니다.

그러니까 누군가가 "너를 사랑한다. 너를 인정한다." 하는 말을 조금만 해줘도 정서적으로 여린 인간은 사기가 확 올라가게 됩니다. 밖에서 들어오는 아주 조그마한 사랑과 인정에서, 그 결과가 톤으로 바뀌어 자아실현으로 이어질 수 있다는 것입니다. 그래서 1그램의 출력이 세상을 바꾸는 것입니다.

아르키메데스의 지렛대의 원리도 1그램 1톤을 반증해주는 좋은 이야기입니다. 아르키메데스는 "나에게 지렛목 댈 자리만 주어라. 그렇게 되면 내가 지구를 움직이겠다."라고 했습니다. 지렛목을 대놓고 지렛대를 대어서 움직이면 지구도 움직여버린다는 것입니다.

이처럼 사랑욕과 인정욕이 충족되는 과정은 1그램에 불과하지만, 그 결과 자아실현이라고 하는 거대한 1톤의 결과가 일어난다는 뜻입니다.

자네 IQ가 참 높군

교도소의 재소자를 대상으로 동기부여 강의와 아이큐 검사를 한 심리학 박사가 한 재소자에게 "자네는 아이큐가 참 높군."이라고 한마디 했습니다.

아무런 희망도 없이 살아가던 그 재소자는 그 말 한마디로 인하여, 자신감이 생기고 삶의 의지와 사기가 올라갔습니다. '빨리 이곳에서 나가 머리 좋은 값을 해보자.' 하는 희망이 생겼습니다. 그래서 교육도 열심히 받고 수감생활을 착실히 하게 되었습니다.

그렇게 모범수가 된 덕분에 빨리 출소하게 된 그 사람은 출소 이후, 피땀나게 노력하여 10여 년 후에는 작은 개인사업체를 운영할 수 있었습니다. 성공하면 박사님을 찾아가겠다고, 자신에게 약속했던 것을 지키기 위해 박사님을 찾아갔습니다.

"저를 아시겠습니까? 저는 교도소에 있던 사람입니다. 매사에 삐딱하고 의욕이 없던 저에게 박사님께서 강의를 오셔서 아이큐가 높다고 칭찬을 해주셨습니다. 그 칭찬 말씀 한마디로 저는 이렇게 제 인생을 건지게 되었습니다. 정말 감사합니다. 제 삶의 은인이십니다."

그 후 박사님과 사제 간의 인연을 맺고 자주 만나며, 행복한 가정을 이루어 살고 있습니다.

피타고라스의 정리

스승님의 이야기도 하나 들려드리겠습니다. 스승님께서는 고등학교 때 말이 없고 내성적이셨는데, 그것이 약간의 우울증으로 진행되어 항상 의기소침하고 축 처져 있었습니다.

그런데 학기 말 수학시험에서 피타고라스 정리를 다룬 주관식 문제가 나왔는데, 이것을 풀어낸 것입니다.

수학 선생님은 우리반 학생 70명 중에서, 스승님 한 사람이 이 주관식 문제에 정답을 썼다고 칭찬을 해주셨습니다. 또 2학년 전체 490명의 학생 중에서 5명이 정답을 썼는데, 그 중 한 명이라고도 칭찬을 하신 것입니다.

이 칭찬 한마디를 들으시고는 고교 시절 내내 겪고 있던 우울증이 기적같이 싹 사라져 버리셨습니다.

칭찬 한마디를 듣고 그때까지 가지고 있던 우울증이 다 사라져버린 것과 같은 이런 현상, 이것이 바로 1그램 1톤의 원리가 만들어내는 힘입니다.

애꾸눈 임금의 초상화 그리기

애꾸눈을 가진 왕을 지혜롭게 그린 '왕정화'라는 화가가 있었습니다.

어느 날 왕은 유명한 화가들을 불러 자기의 초상화를 그리게 했습니다.

불려온 화공들은 난감하여 초상화는 좀 더 연습을 한 후에 그리겠다고 핑계를 대었습니다. 애꾸눈을 그릴 수도 없고, 그렇다고 온전한 눈을 가진 얼굴을 그릴 수도 없는 상황이었기 때문입니다.

그래서 왕은 초상화를 잘 그리는 화공을 3명 다시 뽑았습니다.

뽑혀온 화공들은 나름대로 최선을 다해 왕의 초상화를 그렸습니다.

첫 번째 화공은, 정성을 다해 정직하게 애꾸눈을 가진 모습으로 초상화를 그렸습니다. 그러자 왕은 화를 내며 그 화공을 궁에서 내쫓아 버렸습니다. 한쪽 눈이 감겨 있는 모습이 마음에 들지 않았기 때문입니다.

두 번째 화공은, 애꾸눈 대신 온전한 눈을 그려 초상화를 바쳤습니다. 왕은 이번에도 화를 내며 그 화공을 내쫓았습니다. 애꾸눈인 본인의 얼굴에 두 눈이 멀쩡하게 그려져 있어서, 자존심이 상하고 어색해 보였기 때문이었습니다.

이 소문을 듣고 온 세 번째 화공은 엄청난 고민을 할 수밖에 없었습니다. 오랜 숙고 끝에 그 화공은 기지를 발휘하여 그림을 그렸습니다.

어떤 모습을 그렸을까요? 정상적인 왕의 옆모습을 그려 바쳤습니다.

왕은 그 화가에게 왜 옆모습을 그렸는지 물었습니다. 왕정화는 이렇게 대답했습니다.

"임금님의 가장 아름다운 모습은 미소 띤 옆모습이기 때문입니다."

왕은 초상화를 보고 고개를 끄덕이며, 만족과 감탄을 한 것은 물론이고 큰 상까지 내렸습니다.

그게 영어책을 읽는 거냐?

그러나 이 1그램이, 부정적인 1톤을 생산할 수 있음에도 우리는 정신을 차려야 합니다. 내가 아무 생각 없이 뱉은 말 한마디가, 다른 사람의 인생에 돌이킬 수 없는 상처와 영향을 줄 수도 있다는 것입니다.

한 수련생의 이야기입니다.

옛날 시골에서 중학교에 가기도 힘든 시절에, 중학교에 가게 되니 너무나 기뻤습니다. 더구나 영어라는 것을 배운다니 호기심도 나고 잘하고 싶은 욕심도 생겼습니다.

그래서 졸업을 하고 봄방학을 하면서, 영어를 이 사람 저 사람에게 물어 혼자 공부를 하고 책을 읽어 보았습니다. 입학을 하고 영어 시간에 즐겁게 공부를 하며 몇 시간이 지났습니다.

드디어 영어 선생님께서 "책을 읽어볼 사람?" 하셨습니다.

'와 내가 혼자 공부한 것을 자랑할 시간이 드디어 왔구나!'

아무도 손을 못 들고 있을 때, 혼자서 손을 번쩍 들고 당당하게 책을 읽게 되었지요. 신이 나서 떠듬떠듬 책을 읽고 있는데, "야 임마 그만 읽어라. 그게 영어책을 읽는 거냐? 발음이 그게 뭐냐. 어디서 그따위로 배운거야." 하고 면박을 주었습니다.

어떻게 되었을까요? '내가 다시는 영어 공부를 하나 봐라.'

그래서 졸업할 때까지 영어책을 두 번 다시 보지 않았답니다. 그 후 살아가며, 그분은 영어 때문에 많은 기회를 놓치게 되었고 후회와 원망을 했다고 하셨습니다. 이러한 사례는 무수히 많습니다.

그러면 내가 해야 할 일은 무엇이겠습니까? 내 자녀들, 내 후배들, 나와 함께하는 사람들에게 의도적으로 사랑해주고 인정해주는 말과 행동을 해야 한다는 것입니다. 사랑해주고 인정해주는 것은 1그램밖에 되지 않지만, 그 성과는 1톤으로 나올 수 있음에 깨어있어야 합니다. 이처럼 사랑과 인정이 아니라 면박과 질책을 받게 되면, 마이너스 쪽의 1톤으로 한 사람의 인생과 자아실현욕을 완전히 꺾어버릴 수 있음에 깨어 있어야 합니다. 생각 없이 내뱉은 말 한마디에, 누군가의 인생을 망치고 죽음에 이르게 할 수도 있는 것입니다.

빈정거리고 질책하기

우리는 묘하게 자신도 모르게 어떤 사람에게는 만나면 긍정과 칭찬의 말을 하면서, 어떤 사람에게는 똑같은 일에 대하여 빈정거리고 질책을 하는 경우가 있습니다. 이것을 가지고, 사람 간에 합이 맞느니 안 맞느니 하고 말하기도 합니다. 이것에 분명하게 깨어있어야 합니다.

제가 가르친 어떤 아이가 엄청나게 똑똑해서 공부도 잘하고 만들기도 악기연주도 잘했습니다. 그런데 이상하게 늘 자신감이 없고 어리바리했습니다. 엄마의 말이 아빠가 편애가 심하다는 것이었습니다.

형제가 있는데 작은 아이가 무언가를 만들어 보여주면 잘했다고 칭찬을 있는 대로 하면서, 형은 그보다 더 잘 만들어 보여주어도 "사내자식이 쪼잔하게 그런 거나 만들고 있냐"하고 핀잔을 준다는 것입니다.

제가 경험한 바로는 부모들은 대체로 큰아이에게는 기대치가 높아 못한다는 말을 자주 하고, 작은 아이에게는 너그러워져 칭찬을 잘합니다. 그래서 큰 아이가 자신감이 없는 경우를 많이 보았습니다. 조부모는 대개 큰아이에게 사랑을 주는 사람이 더 많았습니다.

나는 누구에게 어떤 1그램을 보내주고 있는지, 정신 바짝 차려야 합니다. 나의 1그램이 상대에게 마이너스 1톤으로 출력되게 해서는 안 됩니다.

우리가 해야 하는 가장 좋은 1g의 말은, 언제나 '덕담과 수희'입니다. 그리고 내가 듣기 싫은 말을, 남에게 절대 해서는 안 된다는 것을 명심하고 살아야겠습니다.

마무리와 삼행시

나 자신에게도 마찬가지입니다. 나 자신도 누군가가 인정해주면 좋습니다.

그러나 이제 우리는 그것에서 벗어나야 합니다. '누군가가 나를 인정하고 사랑해주지 않으니까 자아 실현욕이 생기지 않아.' 하는 생각에서 벗어나, 스스로 자신의 인정욕과 사랑욕을 해결하는 지혜를 개발해야 합니다.

자신이 자신을 사랑해주고 자신을 인정하면 됩니다. 자신의 사랑욕과 인정욕은 스스로 충족시킬 줄 알아야 합니다. 그리고 우리는 다른 사람의 사랑욕, 인정욕 충족에 기여를 하는 것입니다.

이렇게 사랑하고 인정하여, 모두가 자아실현을 하는 세상을 만들어가는 것, 이것이 1그램 1톤 원리의 최종목적지입니다. 긍정적인 1그램으로 1톤을 출력할 수 있게 해주는 인품자가 되시기 바랍니다.

오늘은 '인정욕' 삼행시로 마치겠습니다.

인 : 인정욕, 사랑욕은 사람을 성장시키는 중요한 역할을 합니다.
정 : 정말 중요한 것은 자신을 얼마나 인정하고 사랑해 주느냐?
     입니다.
욕 : 욕구의 충족과 자아실현을 위하여, 사랑과 인정을
     나누는 '1그램 1톤 원리'의 달인이 되시기 바랍니다.

고맙습니다. 사랑합니다. 축복합니다. 행복하세요.

그러나 덕성미학

'실수'라는 역경계는
'그러나 덕성미학'을 실천할
절호의 찬스다.

정직한 것이 자랑인 양
상대의 약점을 함부로 말해버렸다면
'그러나 덕성미학'으로
풀어내라.

그러나
한 가지 약점을 말했다면
최소한 3가지 이상의 강점을
말해주어야 한다.

그러나

'그러나 덕성미학'이 출동하지 않도록
덕담과 칭찬과 공감을 할 줄 아는
표현 인품자가 되는 게
최선이다.

33강 그러나 덕성미학
실수는 그러나로 회복하라

지난 이야기

지난 시간에는 '1그램 1톤'에 대한 이야기를 나누었습니다.

내가 내놓은 '1그램의 말이 누군가에게는 1톤으로 입력'될 수 있음에 깨어 있어야 한다는 이야기입니다.

이렇게 이야기를 나누다 보니 사람이 사는 데 가장 중요한 것이 무엇이라고 생각되시나요? 바로 말입니다. 말을 어떻게 하느냐에 따라 나와 내 주변 사람의 인생이 달라지고 나라의 역사, 세계의 역사가 바뀔 수 있다는 것입니다.

틈틈이 1그램 1톤의 원리를 배우고 익히고 표현해서, 모두의 인생을 자신감과 행복에 넘쳐 살아갈 수 있도록 하시면 좋겠습니다.

그러나 덕성미학의 필요성

이 시간 함께 공부할 주제는 '그러나 덕성미학'입니다.

'그러나 덕성미학'이 무슨 말일까요? '그러나'는 부정의 접속사입니다. 이 접속사를 잘 사용하게 되면, 부정의 말이 덕성의 언어가 될 수 있다는 이야기입니다. 우리들이 일상생활을 할 때 언어를 어떻게 쓰느냐 하는 것은 대단히 중요합니다. 언어를 잘 쓰면 자신이 즐겁고, 서로의 관계도 평화로워집니다.

곧 전쟁이 일어날 상황에서도 재치있는 대화를 하게 되면 전쟁을 막아낼 수 있습니다. 언어 사용 방법이, 우리의 삶에서 절대적으로 중요한 요소임에 늘 깨어있어야 합니다.

긍정어가 붙는 그러나

우리들은 대체로 '그러나'를 어떤 경우에 쓰게 될까요?

"너는 키가 크다. 그러나 몸은 약하다."

"음식은 괜찮다. 그러나 주인이 불친절하다."

긍정 다음에 '그러나'를 붙이면 대부분 뒤에 부정어가 오게 됩니다.

"너는 수학을 잘해, 그러나...." 하게 되면, 그 뒤에는 "영어는 못해." 하는 식으로 부정적인 문장이 따라붙는다는 것이지요.

이처럼 우리들은 일상의 수 없는 상황에서 의도치 않게 부정적인 말을 하게 됩니다. 너는 왜 수학을 그렇게 못하냐, 너는 영어를 왜 그렇게 못하냐, 너는 공부를 왜 그렇게 못하냐, 너는 왜 그렇게 게으름을 피우냐?

너는 왜........ 이런 식으로 수 없는 부정어가 판을 치게 됩니다. 이 부정어가 세상에 끼치는 스트레스와 악영향이 만만치 않습니다.

그래서 일은 일대로 되게 하되, 부정을 최소화하는 길이 없을까? 궁리하게 됩니다. 그 방법을 연구하고, 그것을 문화 속에 스며들게 만들어야 하는 것이지요.

부정어 다음에 붙는 그러나의 기적

그런데 부정문장 다음에 '그러나'를 붙이게 되면 완벽하지는 않으나, 긍정의 마음을 보낼 수가 있습니다. 상대에게 무심코 부정의 말을 하게 됐을 때, 한 단어의 쓰임에 따라 긍정의 마음을 다시 전할 수 있다면, 우리들은 그 단어에 깨어나야 됩니다. 그것이 바로 '그러나'입니다.

'그러나'를 효과적으로 써서 내려간 행복 수위를 다시 높여 주는 것입니다. 조금만 연습하면 쉬운 일입니다.

이것을 알고 나니, 요즘은 많은 경우에 '그러나'의 덕을 봅니다.

내가 상대방에게 아차! 하고 말을 잘못해 버렸습니다. "너 어째 공부를 그 모양으로 못하냐?" 라고 했다고 합시다.

그런데 번쩍 정신이 들어서 '아차, 내가 부정적으로 말해 버렸구나!' 한다면 바로 '그러나'를 붙입니다. "그러나 너는 친구들과도 사이좋게 지내고, 어려운 친구도 잘 도와주지."

쏟은 물을 주어 담을 수는 없지만, 뒷북이라도 쳐서 수습을 할 수가 있습니다. "너는 그것은 그러하지만, 그러나 이런 것은 참 좋더라." 하는 상황은 얼마든지 있겠지요.

'그러나'는 자신에게도, 주변 사람들에게도 적용할 수 있습니다.

자신에게 주는 기적의 선물 그러나

'아이고, 나는 어학은 제로야. 영어, 그렇게 하려고 해도 안 되네.'

그 영어라고 하는 것이 중학교 3년, 고등학교 3년, 대학 가서 4년 동안 공부를 했는데도 미국 친구 만나면 입이 딱 붙어 벙어리가 되고, "해도 해도 안 된다니까."라고 말합니다.

그렇게 말해놓고 그냥 끝내버린다면 어떨 것 같으세요?

'나는 영어를 못 한다.'가 자기 암시가 되는 것입니다. 영어 공부를 하려고 하면 의욕이 그만 폭삭 가라앉아 버리고 맙니다. 그러니까 부정어 다음에는 필히 '그러나'를 붙이라는 말씀입니다.

그리고 영어를 못 한다는 자기 암시는 영어 능력에만 문제를 일으키는 것이 아닙니다. 영어 능력 하나를 위축시킨 것으로 하여, 내 인생이 전반적으로 함께 위축될 수가 있습니다.

그래서 나는 '아이고, 영어는 해도 해도 안 되더라.'라고 하게 되면 금방 속으로 '그러나 나는 역사성적은 뛰어나지.' 그렇게 말합니다.

그렇게 되면 내 속에서 묘한 균형감이 잡히면서 생각과 느낌이 좋아집니다. 이처럼 자기 자신을 비난했을 때도 '그러나'를 붙여서 부정적으로 느껴지는 흐름을 긍정적으로 전환할 수 있어야 합니다.

어떤 사람은 얼굴 콤플렉스로 심하게 시달렸다고 합니다. 매일 거울을 보며, '내 얼굴은 형편없이 못생겼어. 왜 이렇게 못생긴 거야.'를 계속하니 매사에 점점 자신감이 떨어지고 우울해졌습니다.

그러나 이 공부를 하고 가서는 '그러나'를 써 보았습니다. 매일 거울을 보며 '그러나 나는 공부 머리는 뛰어나지.' '그러나 나는 운동은 잘 하지.' '그러나 나는 힘도 세지.' '그러나 나는 친구들이 좋아하지.'

그렇게 '그러나'를 계속 붙였더니, 신기하게도 점점 자신감과 웃음이 찾아지는 것이었습니다.

주변에 주는 기적의 선물 그러나

주변에 대해서도 마찬가지입니다. 공동체의 사람이 내 마음에 안 든다고 할 때 "내가 원하는 것이 A, B, C인데 저 사람은 왜 저 모양이냐." 하고만 있다면 어떻겠습니까? 나도 손해고, 내 에너지가 상대에게 전달되니 그 사람도 안 좋을 것입니다. 그래서 내 속에서 균형을 잡아 줍니다.

"그러나 그 사람이 없다면 우리 공동체 곳곳에 쓰레기가 널려 있을 거야. 우리 공동체가 깨끗한 것은 그 사람 덕분이지. 정리, 정돈하고 청결하게 하는 것은 누구도 그 사람을 따라오기 어려워." 이렇게 하면 균형이 잡히게 되겠지요.

'그러나'로 균형을 잡아주어야 하는 것은, 생활 속 수 없는 곳에서 자신과 주변 사람에게 또 어떤 상황에 대해서도 똑같이 해당됩니다.

비탈길의 그러나 덕성미학

수련 공동체인 '동사섭 행복마을' 들어가는 진입로가 비탈길이라 힘들게 올라가야 합니다. 그럴 때 이렇게 균형을 잡아 줍니다.

'비탈길이 제법 가파르고 길어 힘이 드네. 그러나 이렇게 힘들게 비탈길을 올라간다는 것은, 인품을 향상하고, 성인의 경지를 향해 가는 것이야. 이건 상향문이지. 상향문을 향하여 꾸준히 올라가라고 하는 큰 뜻이 숨어 있는 거야.'

비탈길이 힘들어 마음에 불평이 생길 때, 이렇게 '그러나'로 전환해 보는 것입니다. 힘들게 여겨지던 언덕이, 긍정적인 상향문으로 바뀌게 되는 것지요.

그러나가 있는 아이들의 삶

만일 아이가 비난 속에서 자라면

그 아이는 비난하는 걸 배웁니다.

만일 아이가 적대감 속에서 자라면

그 아이는 싸우는 걸 배웁니다.

만일 아이가 두려움 속에서 자라면

그 아이는 걱정부터 배웁니다.

그러나 만일 아이가 참을성 있는 부모 밑에서 자라면

그 아이는 인내심을 배웁니다.

그러나 만일 아이가 격려 속에서 자라면

그 아이는 자신감을 배웁니다.

그러나 만일 아이가 허용되는 분위기 속에서 자라면,

그 아이는 세상을 사랑하는 법을 배웁니다.

당신의 아이들은 지금 어떤 환경 속에서 자라고 있습니까?

= 도로시 L 놀테> '영혼을 위한 닭고기 수프' =

할렘가의 왕실 기사단

이 이야기는 희망이 없던 아이들에게, '그러나' 빌 홀 선생님이 관심을 가져주신 덕분에 희망이 실현된 이야기입니다.

뉴욕 맨하튼에는 멕시코인들이 사는 할렘가 지역이 있습니다. 맨하튼에서 걸어갈 수 있는 곳이지만 뉴욕에서 수만 광년 떨어진 이질적인 세계처럼 보입니다.

유아와 산모 사망률과 남성의 수명이 방글라데시와 비슷한 지역입니다. 매스컴은 이 지역이 안고 있는 문제를 무관심 속에 방치하고 있었습니다.

아이들이 학교에서 배우는 교과서 내용은 거의 현실과 관계가 없는 것이었습니다. 이곳 중학교에서 이민 온 학생들에게 기초영어를 가르치는 '빌 홀'은 모든 환경에 무방비상태로 노출되어있는 아이들과 날마다 마주하게 되었습니다. 아무 의욕이 없는 아이들이었습니다.

그러나 이 다양한 상태로 의욕이 없는 아이들에게도, 동질감을 심어주고 동시에 영어도 가르칠 수 있는 흥밋거리를 찾아 지도하면 좋아지지 않을까? 궁리를 하던 '빌 홀'은 체스가 문화를 초월하는 게임이라는 점에 착안하게 되었습니다.

교장 선생님을 설득하여 방과 후 체스 동아리를 시작했습니다.

많은 아이들이 동아리에 들어왔으나, 열두 명의 아이들이 남았습니다.

그 아이들이 남아있었던 이유는 빌 홀이 처음으로 그들을 신뢰해 주고, 그들에게 진심 어린 관심을 가져준 최초의 사람이었기 때문입니다. 어느 정도 실력이 생겼을 때, 체스 시합을 빌 홀이 자비를 털어 데리고 다녀 재미와 자신감을 심어주었습니다.

독립성을 키워주기 위해 한 사람씩 번갈아 통솔책임을 맡김으로, 자신감과 성적도 점점 올라가기 시작했습니다.

또한 '왕실기사단'이란 팀 이름으로 드디어, '전 미국 중학교 체스 결승

대회' 참가 자격을 따내었습니다. 기금을 조성하여 비행기를 타고 캘리포니아에 가서 109팀 중 17위를 차지했습니다.

드디어 러시아에서 열리는 세계대회까지 가게 되었으나 참가경비가 없었습니다. 그러나 지성이면 감천이라고 펩시콜라에서 2만 달러를 후원해주어 꿈이 이루어졌습니다.

중학생인 왕실기사단 선수가 30대 러시아 체스 챔피언과의 시범 경기에서 무승부를 시작으로, 스피드 체스 경기에서 전 경기를 석권하게 되었습니다. 경기에 이기고 돌아온 아이들에게 수많은 고등학교에서 스카우트 제안이 쇄도했습니다.

"그러나 여러분 삶 속으로 빌 홀이라는 교사와, 체스가 오지 않았을 때는 무엇을 하고 있었나요?"

"거리를 배회하면서 인생이 개 같다고 느꼈지요."

"꼬마들에게 점심값을 뜯거나 이따금 환각제를 했어요."

"방안에 누워 만화책을 보면서, 아빠한테서 게으름뱅이라는 욕설을 듣는 게 고작이었죠."

그러나 빌 홀 선생님이 우리를 뛰어난 아이들로 인정해주신 덕분에 달라졌어요.

"실제로 우리는 뛰어난 아이들이었거든요."

아무리 말썽꾸러기라도, '그러나' 아이들에게는 모두 숨겨진 재능이 있습니다. 그것을 찾아내어 발휘할 수 있게 해주는 게 어른들의 몫이지요.

='영혼을 위한 닭고기 수프 중에서' 글로리아 스타이넴=

마무리와 3행시

우리들은 일상에서 부정적인 생각, 부정적인 표현을 할 수가 있습니다. 그런 표현을 했을 때는 '그러나'를 붙여, 다음 이야기를 해보는 것입니다. 그렇게 하면 부정이 전환되고 긍정적인 마음이 우러나오게 됩니다. '그러나 덕성미학'을 적절히 사용하셔서 행복 수위가 지금보다 한층 더 높아지시길 기원합니다.

오늘은 '그러나' 삼행시로 마치겠습니다.

그 : '그러나'에서 오는 부정적 느낌을 긍정적으로 바꾸는
　　　지혜가 우리에게는 있습니다.
러 : 러시아나 우주까지 멀리 갈 것도 없습니다.
나 : 나와 다른 사람에게 부정의 말로 실수를 하는 순간,
　　　'그러나'를 사용하여 상대의 긍정점을 찾아,
　　　선물로 주시면 됩니다.

고맙습니다. 사랑합니다. 축복합니다. 행복하세요.

교재삼기

가끔
부모를 원망하는 사람이 있다.

이 사람이 할
첫 번째 교재삼기는

부모에게 효도하여
성공한 사람들과

부모를 원망하여
불행에 빠진 사람들을

연구해보는 것이다.

지고한 행복,
해탈의 문이 열릴 것이다.

QR코드를 스캔하면 행복특강 강의를
시청하실 수 있습니다.

34강 교재삼기
공동체가 살아나는 비법

지난 이야기

지난 시간에는 '그러나 덕성미학'에 대한 이야기를 나누었습니다.

'아차' 하는 순간 상대에게 마이너스 1g을 보냈을 때, 바로 그 사람의 긍정점을 찾아내어, '그러나'로 멋진 선물을 할 줄 아는 인품이 되신다면 정말 좋겠다. 하는 이야기였지요.

부정적인 말 한마디로 상처를 주었다면, 상대의 장점을 3~4가지는 선물로 보내셔야 합니다. 상처를 치유하려면 정성이 필요하거든요.

그래야 서로의 관계를 해치지 않고, 상대의 마음에 준 상처를 치료할 수 있는 것입니다. 말하자면 잘못을 했을 때는 바로 뒷북이라도 칠 줄 아는 지혜와 용기와 순발력을 발휘한다면, 세상이 더욱 행복하고 평화로워질 것입니다.

자신이나 어떤 일, 어떤 사람에 대한 불평이나 불만이 생길 때는 '그러나 덕성미학' 표현으로 관계평화와, 상대의 자신감, 상처를 회복시켜주시기를 적극적으로 권해드립니다.

교재삼기

이어서 오늘의 공부주제는 '교재삼기'입니다.

교재삼기라고 어떤 생각이 드시나요? 공동체에서 여러 사람과 더불어 살아가는 것이 성공하려면 '교재삼기'가 잘 되어야 하고, 교재삼기가 잘 되지 않으면 공동체가 무너질 수도 있습니다. 이것은 수행공동체뿐 아니라 가정과 직장, 세상의 모든 공동체가 마찬가지이지요.

그러면 교재삼기라고 하는 것은 무엇일까요?

교재삼기는 나와 우리들이 살아온 삶의 흔적을 짚어보면서 잘 되지 않은 것을 발견해 내고, 그것을 분석 반추해서 더 나은 방향으로 고쳐나가자는 것입니다.

우리가 살아가는 현재 삶의 흔적이, 이어지는 다음 삶을 좀 더 나아지게 하는 교재가 되는 것이지요. 교재심기를 하고 돌아보면서 문제점과 본받을 점, 고쳐나갈 점을 발견하고 나누며, 나와 공동체를 더욱 발전시켜보는 것입니다.

교재삼기의 필요성

우리는 행복한, 오늘과 미래를 위해서 과거를 잘 돌아보아야 합니다. 인생이라고 하는 것은 전반적으로 '불완전한 곡예의 과정'입니다. 그렇지만 '완전을 향해서 열려있는 과정'이기도 하지요.

그러나 세상에 공짜는 없습니다. 삶이 저절로 베스트로 펼쳐지지는 않습니다. 인생은 이상보다는 조금은 낮은 수준으로 흘러가게 마련입니다.

물론 언제나 더 나아질 수 있는 가능성, 100점으로 펼쳐질 수 있는 가능성이 열려있습니다. 그래서 베스트가 되기 위한 노력을 하게 됩니다.

교재삼기라는 도구를 가지고 학습을 잘하면 낮은 수준으로 흘러가던 나의 삶과 공동체의 역사가 좀 더 높은 쪽으로 향상되어 갈 수 있다는 말입니다.

일일삼성(一日三省), 하루에 세 번 내 삶을 돌아본다.라는 말이 있습니다.

공자님의 제자 중에 증자(曾子)라는 분이 계셨는데, 그분이 내놓은 말씀이 일일삼성(一日三省)입니다.

교재삼기와도 일맥상통하는 말로, 그날그날의 자신과 우리의 삶을 3번은 돌아보아 고치고 발전시켜 나가자는 것입니다.

만일 교재삼기가 되지 않는다면 어떨까요? 공동체에서 서로서로 상대방의 못난 역할과 모습을 보면서 불만이 쌓이게 되고, 그렇게 자꾸 쌓이다 보면 어떻게 되겠습니까?

공동체의 수준이 늘 낮은 차원에서 와글와글하면서 아수라(阿修羅) 속에 머무르게 됩니다. 그래서 '공동체 살이가 싫다, 재미없다.' 하며 해체되는 것입니다.

어설픈 교재삼기의 부작용

인생은 공동체 과정입니다. 태어나자마자 우리는 모두 가정 공동체의 일원이 되지요. 각 공동체의 수준이 높아지려면 구성원의 성숙함이 요구됩니다. 성숙의 길은 다양하게 많습니다. 각자 자기의 잘못된 점을 알아차려 고쳐나가고, 서로에게 맞춰 가는 것입니다.

그런데 상대방은 내 잘못을 아는데, 나는 내 잘못을 모르는 경우가 많습니다. 모르는 척하는 하는 것일 수도 있고, 자신에게는 '그럴 수도 있지.' 하고 너그럽게 덮어주기도 합니다.

그러면서 서로 불만이 쌓여가게 되지요. 서로 불만이 쌓여가지 않도록 하려면 공동체적으로 교재삼기를 약속하는 것입니다. 교재삼기를 해서 각자 미성숙한 것이 발견되면 고쳐나갑니다.

그런데 교재삼기 약속을 하면 잘 될까요? 잘 안됩니다. 사람은 각자 같은 상황에 대해서도 생각이 다릅니다.

교재삼기를 하자고 약속을 했어도 "너 걸어가면서 침 뱉는 것이 보기 싫더라." 하면 그것 때문에 속이 상하고 며칠간을 끙끙거리게 됩니다. 그럴 바에는 차라리 교재삼기를 하지 않는 편이 낫겠지요. 그처럼 교재삼기라고 하는 것이 쉬운 일은 아닙니다.

교재삼기의 다양한 기본

쉬운 일이 아니기 때문에 교재삼기는 흥미로운 도전목표가 될 수 있습니다. 어떻게 하면 잘 할 수 있을까요?

교재삼기를 하려면, 가정이나 수행공동체 등에서 정기적으로 서로 터놓고 이야기 할 수 있는 날을 정해놓고 하면 좋습니다. 이름을 공모해 만들고 얼마 만에 한 번씩 할지 기간을 정해봅니다.

예를 들어 매주나 매월 목요일 저녁 8시는, '화합과 소통 대화의 날', '대화의 즐거움이 있는 저녁', '지지배배 즐거운 수다로 털어내기' 등

각 공동체의 특성에 따라 간격과 시간을 정하면 좋겠지요. 물론 자주 만나 이야기 나누면 서로 더 잘 이해하는 긍정적 효과가 큽니다. 교재 삼기 날과 이름을 정했다면, 교재삼기 방법 3가지 정도를 유념하면 좋습니다.

교재삼기 방법 3가지

교재삼기 모임 진행자는, 어느 정도 익숙해질 때까지는 이야기를 잘 이끌어가고 긍정적 마인드가 있는 사람이 진행을 하면 좋습니다.

몇 번 지나서는 돌아가면서 진행을 해보면, 개인의 성장과 발전에 많은 도움이 될 수 있습니다. 생활 속에서 일어나는 일을 교재삼아 생각과 느낌을 나눠봅니다.

첫 번째는 요즘 있었던 자신의 실수나 잘못됐다고 생각한 일과 느낌을 육하원칙에 맞춰 이야기 합니다. 그때 내가 어떻게 했으면 좋았을까? 에 대한 생각도 말합니다. 이때 다른 사람은 경청하고 말하는 사람에게 맞장구를 쳐주면 됩니다. 충고나 결론을 내어 끼어드는 것은 안 하는 것이 좋습니다.

잘못이나 해결 방법은 말하는 사람이 찾도록 합니다. 다른 사람들은 그의 생각을 지지하고 덕담을 해주면 됩니다. 털어놓은 사람이 진심으로 원

할 때만 내 생각을 이야기합니다.

두 번째는 함께 듣고 생각할 만한 이야기를 돌아가며, 한 번에 한 사람씩 준비하여 이야기를 나눕니다. 함께 듣고 그것에 대한 각자의 생각과 의견을 말하도록 하는 것입니다. 결론을 내지 말고 스스로 느낀 것을 이야기 나누고 그대로 수용해주는 것입니다.

그 공동체와 관련되는 필요한 덕목이 있는 이야기도 좋겠지요. 또 그냥 생활 속에서 경험한 이야기를 내놓아 교재삼기를 해보는 것도 좋습니다.

예를 들면, 며칠 전에 지하철을 타려고 기다리고 있는데, 지하철이 어떤 사정으로 조금 늦어진다는 방송이 나왔습니다.

그랬더니 앞에 서 있던 나이 든 남자분이 큰 소리로, "아니 문재인은 뭐 하는 거야. 전철도 제때제때 못 다니게 하고"라고 말했습니다.

이런 이야기를 내놓고 각자의 생각과 느낌을 나누면 됩니다.

이렇게 할 수도 있습니다. 짧은 이야기 하나를 내어놓고 돌아가며 생각과 느낌을 이야기합니다.

호랑이가 담배피던 시절에, 어느 부대에 한 이등병이 추운 겨울날 밖에서 언 손을 녹여가며, 찬물로 빨래를 하고 있었습니다.

지나가던 소대장이 그것을 보고 안쓰러워하며, "김 이병, 취사장에 가서 뜨거운 물 좀 얻어다 하지." 소대장의 말을 듣고 신이 나서 취사장으로 물을 얻으러 갔지만, 군기가 빠졌다고 혼만 잔뜩 났습니다.

다시 빨래를 하는데 중대장이 지나가며, "동상 걸리겠다. 취사장에 가서 뜨거운 물 좀 얻어다 해라.""예." 하고 대답만 하고 가지 않았습니다.

이번에는 행정보급관이 왔습니다.

"김 이병, 취사장에 뛰어가서 더운물 좀 받아와라. 나 세수 좀 하게."

이등병은 취사장에 뛰어가서 보고를 하고 즉시 더운물을 받아왔습니다.

그러자 그 행정보급관이 말했습니다. "그 물로 빨래를 해라. 양은 얼마 안 되지만 손이라도 녹일 수 있을 거야."

 세 사람의 상급자가 모두 부하를 배려했습니다.

 실제로 도움은 준 것은 누구일까요? 나도 다른 사람에게 도움이나 배려를 할 때는 어떻게 해야 할까요? 하는 등의 이야기를 나누면 되겠지요.

 세 번째는 본인이 공동체 사람들에게 "제가 고쳤으면 하는 것을 발견한대로 말씀해 주시면 진정으로 고맙게 받아들이고 고치겠습니다." 하는 것입니다. 이것을 자자청(自恣請)이라고 합니다.

자자청이 성공하려면,

 그러나 이 3번째 방법이 만만치가 않습니다. 하자고 약속했다 해도 "너, 무엇이 나쁘더라." "너, 어제 어떤 모습 좋지 않더라." 하면 사람은 누구나 유리그릇이라, 마음공부를 많이 한 사람도 상처를 받아 공동체를 떠나는 경우가 종종 있습니다. 관계가 깨져 큰 어려움을 겪게 될 수도 있습니다.

 그래서 피드백을 하는 사람이나 받는 사람이나 억분일공(億分一空)을 알아야 합니다. 억분일공(億分一空)이란, '지적한 잘못은 그 사람 전체 모습의 억만 분의 일도 안 된다.' 하는 뜻입니다. 그런 마음으로 상대를 배려하며 교재삼기를 한다면 성공할 확률이 높아집니다.

 그래도 어렵습니다. 그러면 또 어떤 장치가 필요할까요? 피드백을 하는 사람은 자기 속에 자비심이 있는가? 를 살펴보아야 합니다.

 그리고 빙그레 웃는 모습과 부드러운 말로, 화안애어(和顔愛語)로 상처가 되지 않도록 말을 해야 합니다. 그렇게 하고 나면 피드백을 받는 사람은 변화를 보여야겠지요.

"아무개 씨, 아무 데나 침을 뱉는 것이 보기 불편했어요." 하는 피드백을 받았다면, 뱉지 않는 쪽으로 결심하고 변화하려 노력을 해야 합니다.

그러나 피드백을 하는 사람은, 상대의 변화를 기대하지 말고 그냥 말해야 합니다. 변화를 기대하지 않았기 때문에 변화가 없더라도 상처를 받지 않습니다.

피드백을 받은 사람은 변하려고 노력을 하고, 피드백을 하는 사람은 "당신의 그런 모습을 내가 보니 이렇게 느껴졌습니다." 하는 정도로 가볍게 말하라는 것이지요.

당신의 나쁜 점을 고쳐야 해서 내가 말해 준다. 가 아니라, 당신의 그 모습을 보고 내가 이런 느낌이 일어나서 내 느낌을 전합니다. 하는 차원으로 아이 메시지(I-Message)를 하는 것입니다.

마무리와 3행시

이런 등등의 장치를 전제하고 교재삼기를 해야 성공할 수 있고, 교재삼기가 공동체의 발전을 위한 꽃이 될 수 있습니다. 어떤 공동체에서든 교재삼기가 성공적으로 이루어진다면, 공동체의 평화와 행복의 길을 이루어낸 것입니다. 여러분이 계시는 공동체에서도 '교재삼기'를 문화로, 행복도구로 장착하셔서 수준 높은 공동체를 이루어 가시길 빕니다.

오늘은 '공동체' 3행시로 마치겠습니다.

공 : 공동체는 태어나 하늘나라로 갈 때까지 함께 하는
　　삶의 운동장입니다.

동 : 동고동락하면서 서로를 이해하고 지지하고 발전시켜
　　나가는 곳이지요.

체 : 체급의 크기와 관계없이 마음을 열고, 각자의 삶에 대한
　　'교재삼기'를 통해 공동체라는 운동장을
　　행복한 공간으로 가꾸시길 빕니다.

　　고맙습니다. 사랑합니다. 축복합니다. 행복하세요.

불해의 덕

불해(不害)가
덕(德)임을 아는 것

그것이
곧
깨달음이다.

35강 불해(不害)의 덕
해치지만 않아도 덕이 된다

지난 이야기

지난 시간에는 '교재삼기'에 대한 이야기를 나누었습니다.

먼저 자신의 삶을 돌아보며 마음에 걸리거나 잘못되었다고 생각되는 것을 내어놓습니다. 그리고 '어떻게 했으면 좋았을 것 같다.'하는 자신의 의견과 느낌을 다시 이야기하며 자신을 돌아보는 것이지요. 여유가 되어 다른 사람의 의견도 들을 마음이면 더욱더 좋습니다.

두 번째는 함께 이야기 나눠보고 싶은 경험이나 책에서 본 이야기들을 내어놓고, 각자의 의견을 들어보며 생각과 식견을 넓혀가는 것입니다.

세 번째는 자자청(自恣請)이었지요. 자자청까지 할 수만 있다면, 교재삼기가 최고의 경지까지 오른 것입니다.

교재삼기가 잘 되면 함께 평화와 행복을 누리며 개인과 공동체가 상생해 나갈 수 있을 것입니다. 일일삼성(一日三省) 하는 마음으로, 자신의 지난 삶을 교재삼기로 돌아보며, 배우고 발전해가는 날들 되시기 바랍니다.

불해(不害)의 덕(德)

이 시간에 여러분들과 공부해 볼 것은 '불해(不害)의 덕(德)'입니다.

'불해의 덕'이라 하면 무슨 뜻일까요? '덕'이란 말은 아시지요. 그래서 '불해의 덕'이란 말은, 해치지 않는 것만으로도 덕이 된다. 하는 의미입니다.

수행 공동체에 살다 보면 다양한 사람들과 만나게 됩니다. 그중에는 '저 사람하고는 꼭 함께 살았으면 좋겠어.' 하게 되는 사람도 있지만, 어떤 사람에 대해서는 '아이고, 저 사람하고 함께 살기는 힘들겠어.' 하는 경우도 생깁니다.

'저 사람과는 함께 살 수가 없겠군.' 하는 정도가 커질 수 있습니다. 그러면, 그 사람을 내보내야 할 지경에 이르게 됩니다. 말하자면 쫓아내야 한다는 말이지요. 어느 정도가 되면 '너하고는 못 살겠다.' 하고 내보내게 될 것인가? 하는 문제에 부딪히게 됩니다.

판단하고 결정하는 막중한 책임

세상살이를 하다 보면 필히 예측 못 할 상황이 일어나게 되고, 그 상황에 맞는 판단을 부득이 하게 해야 할 때가 있습니다. 어떻게 판단하고 선택할 것인가? 하는 문제로, 원칙을 세워두어야 할 일이 생기는 것입니다. 그래서 나라에는 헌법이 있고, 다양한 법 조항이 생겨나는 것입니다. 공동체도 여러 가지 내규(內規)가 만들어지게 됩니다.

이 세상이 그나마 균형을 이루고 이렇게 유지되는 것은, 그러한 법들과 규칙들이 있기 때문이라고 해도 과언이 아닙니다.

또 각자 하루하루를 살아가며, 자기 속에서 선택과 판단을 해야 할 경우가 많습니다. 그럴 때 더욱 스스로 정한 원칙, 살아가는 기본자세, 신념이 있어야 한다는 것이지요. 자기 속에 원칙을 가지고 사는 사람과, 원칙이 없이 사는 사람의 차이를 상상해 보십시오. 원칙이 있는 사람은 그 사람의 행동이 일관됨을 읽어낼 수 있습니다.

'아, 저 사람은 저 경우에는 저런 식으로 하는데 저것이 일반적으로 좋더라.' 원칙이 없는 사람은 때에 따라 말과 행동이 달라지니, 많은 사람에게 비난과 원성을 듣기가 쉽습니다. '지난번에는 이렇게 하더니 이번에는 왜 그렇게 하는 거야? 도대체 무슨 생각으로 그러는 거야?' 하며 함께하는 사람들이 당황스러워하고 어느 장단에 춤을 추어야 할지 몰라 우왕좌왕하게 됩니다. 그럴 때 공동체의 책임자는 판단을 분명하게 해주어야 합니다.

스승님께서 미국에 있는 한국 절, 주지(住持) 스님으로 계실 때였습니다. 미국을 오가며 10년 정도 절 살림을 맡아 하신 것입니다.

그러던 중, 주지로 계시는 절에 객 스님 한 분이 와서 얼마동안 살게 해 달라고 했습니다. 대체로 절마다 스님이 없어서 고민이니 객 스님이 살겠다고 하는 것은 매우 반가운 일이었습니다.

절은 큰데 사람이 적으니 청소만 하려 해도 힘든 일이거든요.

"여기서 얼마동안 지낼 수 있겠습니까?" 고마운 마음에 선뜻 승낙을 하셨습니다.

"아이고, 고맙습니다. 그러시지요!" 했는데, 얼마 지나지 않아서부터 문제가 생기는 것입니다. 다른 스님들뿐 아니라 신도들까지 "아무개 스님은 이 절에 계시면 안 됩니다. 내보내야 합니다." 하는 것이었습니다.

스님들도 내보내야 한다고 하고, 신도들도 내보내야 한다고 하니, 판단은 큰스님이 내리셔야 하는 터라 난감하고 고민이 되셨습니다.

어찌할 것인가?

'최선의 판단이 무엇이냐? 내보내야 되느냐? 어찌해야 하느냐?'

이 사안을 놓고 며칠째 고민을 하셨습니다. 고민 중에 문득 해답이 떠올랐습니다. 어느 수준이 되면 내보내야 되는가에 대한 기준을 찾아내신 것입니다.

먼저 정신병동에 보내지 않으면 안 될 정도이면 어쩔 수가 없다. 두 번째는 경찰을 부르지 않으면 안 될 경우라도 어찌할 수가 없다.

그 정도가 되면, "당신을 감당할 수 없으니 우리 공동체에서 떠나주십시오." 한다는 기준을 정해놓고 보니, 그 스님은 아직 정신병동에 보내거나 경찰을 불러야 할 정도는 아니었습니다.

그래서 다른 대중들과 신도들을 부르시어 이렇게 말씀하셨습니다.

"우리 한번 생각해 봅시다. 사람이 어느 정도 되었을 때 내보내야 하겠습니까? 이곳은 수행 공동체입니다. 우리들이 궁극적으로 지향해야 할 일이 무엇입니까? 해탈과 자비와 사랑입니다."

그리고 상대를 이해하고 존중하며 적응하는 것이 수행 아니겠습니까?

지혜로운 해결책

어떤 사람이나 대상이 내 마음에 안 든다고 하면, 내가 해야 할 일은 우선 그 대상으로부터 해탈하는 일이고, 대상이 특히 사람일 때는, 그 사람을 사랑과 자비로 안을 수 있어야 합니다.

여러분들은 이 상황을 놓고 마음공부를 얼마나 했고, 어느 정도 해탈을 했습니까? 사랑과 자비로 안아볼 생각과 해탈할 생각은 해보셨습니까?

해탈할 생각은 하지도 않고, 밖의 대상만 문제로 삼고 있었던 것은 아니었는지요? 따뜻한 가슴과 자비로 안아주어야겠다는 마음을 가져 보셨습니까? 우리들이 시간을 좀 더 가져 보는 것은 어떻겠습니까?

우리는 우리대로 해탈을 해가며 사랑과 자비로 안아보고, 저 스님은 내가 지도할 수 있는 한 지도해 보고 그렇게 하면 어떻겠습니까?

원칙을 정하니 좋은 점

그렇게 정하고 시간을 가져보았습니다. 시간이 조금 지나니 그것은 별 문제도 아니었고 오히려 사찰 내에서 해야 할 일이 있을 때, 누구보다도 먼저 달려와 일을 잘 해내니 원성이 사라졌습니다.

스승님께서는 그와 비슷한 상황을 몇 차례 더 겪어 보셨는데 그렇게 기준을 세워두니 아주 좋았다고 하셨습니다.

어떤 점이 좋았을까요?

우선 자신이 편해집니다. 툭하면 누군가를 몰아내곤 한다면 자신은 얼마나 마음이 불편하겠습니까? 또 쫓겨나간 사람은 또 어떻겠습니까? 서로 조금씩 배려하게 되니 내가 편해져서 좋고, 상대방도 상처를 받지 않게 되니 좋았던 것입니다.

그리고 서로의 뜻과 감정 속에 들어있는 자비의 마음이 전달됩니다. 크게 감사할만한 공덕은 공동체에 공부거리가 된 것입니다.

살아가면서 '이 사람은 안 된다.' 하는 상황이 생긴다면 고려해야 합니다. 경찰을 부르거나, 정신병동에 보낼 상황이 아니라면 더 깊은 마음으로 상황을 관조하고, 사람을 배려하고 안아주는 그러한 자세로 살아보는 것입니다.

세상을 평화롭게 하고 관계를 편안히 해주는 것은, 잘잘못을 밝혀 옳고 그름을 가리는 것이 아닙니다. '그럴 수도 있지.' 하고 보아 넘겨줄 줄 아는 여유로움과 해치지는 않으니 얼마나 감사한가? 하는 것이 답이 될 수 있습니다.

재미있는 이솝 이야기

배고픈 늑대가 물고기 한 마리를 잡았습니다. 오랜만에 먹이를 얻은 늑대는 허겁지겁 먹다가 그만 큰 가시가 목에 걸리고 말았습니다.

물을 벌컥벌컥 마셔보고, 높은 바위에서 뛰어내려 보아도 가시가 빠지기는 커녕, 점점 더 깊이 박혀 이제는 입을 다물 수도, 침을 삼킬 수도 없었습니다.

그때 마침 저쪽 논 가에서 먹이를 찾고 있는 두루미가 보였습니다.

"두루미 님, 두루미 님, 지금 제 목에 생선 가시가 걸려 몹시 아픕니다. 캑캑 그 멋지고 긴 부리로 제 목의 가시를 빼 주신다면 그 은혜는 평생 잊지 않겠습니다."

두루미가 두려움에 멀뚱멀뚱 쳐다보자 늑대는 두발을 모아 싹싹 비비며 "두루미 님, 두루미 님, 제 목의 가시를 빼 주실 분은 당신밖에 없습니다. 부디 가시를 빼주십시오. 가시만 빼주신다면 톡톡히 사례를 하겠습니다."

무섭지만 불쌍한 마음이 든 두루미는 긴 부리를 늑대 목 속에 넣어 깊이 박힌 가시를 한참 만에 빼주었습니다. 가시가 빠지자, 늑대는 기침을 "캑캑"하고는 말없이 돌아서서 가려고 했습니다.

괘씸한 생각이 든 두루미가 늑대에게 따졌습니다. "여보시오. 이런 법이 어디 있소. 가시를 빼주었으면 사례는 못 할망정 고맙다는 인사는 한 마디하고 가야 할 것 아닙니까?" 그러자 늑대가 벌컥 화를 내며 오히려 큰소리를 쳤습니다.

"이 봐, 말조심해. 나는 지금 막 내 입안에 들어왔던 네 머리를 고스란히 그냥 내보내 주었어. 더 이상 무얼 바라는 거야? 너는 '불해의 덕'이라는 행복특강도 못 들었냐? 내가 너를 잡아먹지 않은 것이, 얼마나 큰 사례인지 정말 모른단 말이냐!!! 캑캑"

불이의 덕

요즘 산업 현장에서 불의의 사고로 세상을 떠나거나, 예기치 못하게 삶을 마감하는 사람들의 뉴스를 보며 '불이(不離)의 덕'을 생각해보았습니다. 아무리 말썽을 피우고 속을 썩여도, 내 곁을 갑자기 떠나지 않고 화내고 있어주는 것이 얼마나 고마운 말인가? 이것을 마음에 새길 수 있다면 미워할 일이 없겠지요.

불해의 덕, 불이의 덕을 사유하면서 세상사 그저 감사할 일밖에 없음을 아는 것이 지혜로운 삶이라 여겨집니다.

마무리와 3행시

불해(不害) 자체가 하나의 덕(德)이라 했습니다.

여러분들이 계시는 모든 공동체에서 '불해의 덕'과 같은 신념이 받아들여져서 넓고 깊은 사랑이 넘치는 세상이 되었으면 좋겠습니다.

오늘은 '불해의 덕'에서 '의' 자를 뺀 '불해덕' 3행시로 마치겠습니다. 큰소리로 읽어 마음에 담아두시면 좋겠습니다.

> 불 : '불해의 덕'을 아는 것은, 모든 것을 있는 그대로 받아주는
> 큰마음 입니다.
> 해 : 해로움이나 이로움이나 결국은 나를 성숙시켜주는 힘이 됨을
> 아는 것이지요.
> 덕 : 덕을 쌓고 베푸는 인품으로 언제나 감사하며 행복하시길
> 기원합니다.

> 고맙습니다. 사랑합니다. 축복합니다. 행복하세요.

안다병과 지행득

병 중에
가장 몹쓸 병은 안다병이다.

안다병은
상대의 말속에 들어 있는
깊은 뜻이나 생각을
받아들이지 못하고
아는 체 하는 병이다.

지행득은
안다병의 치료제이다.

"네가 제대로 아느냐?"
"아는 것은 실천하고 있느냐?"
"그것이 너의 인품으로 체화되었느냐?"

안다병과 지행득이란 주제로
내 마음은 어떤지
깊이 살펴보자.

인품이
성숙될 것이다.

36강 안다병과 지행득
이미 배운 것 새롭게 배우기

지난 시간에는 '불해의 덕'에 대한 이야기를 했습니다.

어떤 사람이 우리를 힘들게 하거나 나와 생각과 행동이 다르다 하더라도, '그가 공동체에서 누군가를 해치지만 않는다면 고맙다.' 하는 이야기였습니다.

'나와 생각이 다르더라도 정신병동에 보내거나, 경찰을 부르지 않을 정도라면 함께 살아보자. 그리고 내 마음공부의 계기로 삼아 한 계단 성숙한 인품을 만들어볼 기회이다.' 하는 이야기를 나누었습니다.

그리고 한 가지는 '불이(不離)의 덕'이었지요. 함께 하던 사람이 갑자기 떠나버리지 않고 내 곁에 있어 주는 것만으로도 감사할 일입니다. 사람의 소중함과 감사함을 다른 측면에서 생각해 볼 수 있는 시간이 되셨기를 바랍니다.

안다병과 지행득(知行得)

오늘 여러분들과 함께 생각해볼 주제는 '안다병과 지행득(知行得)'입니다.

안다병이 무엇일까요? 안다병은 짐작이 가시지요. 누가 무슨 얘기만 꺼내면, "나도 그 정도는 알아."하며, 잠재되어 있는 깊은 뜻이나 상대의 의견을 받아들이지 않고 아는 체 하는 병을 말합니다. 많이 공부한 사람에게 더 많이 나타나는 부작용이기도 합니다.

사람이 태어나 조금 지나면 교육이 시작됩니다. 초등학교 들어가기 전에 어린이집, 유치원을 다니고, 그 외에도 이것저것 가르칩니다. 그리고 초등학교 6년, 중학교 3년, 고등학교 3년을 배우니, 대학은 놔두고라도 12년을 배웁니다.

특별히 우리나라 사람들이 더 많이 배우지요. 그래서 세계에서 제일 지식이 많은 나라가 한국이라는 말도 있습니다. 지금 우리 자신만 돌아봐도 다양한 공부를 억수로 많이 하고 계시지요. 우리나라 사람들은 공부중독이 아닌가 싶을 정도입니다.

그런 정도로 많이 배우고 나면 어떤 현상이 생기겠어요?

'안다병'이 생기게 됩니다. '안다병'이 걸린 사람들이 행복마을에도 많이 오게 됩니다. 그분들이 수련회에 와서 강의를 들으면 어떤 현상이 일어나겠습니까?

'나, 이것은 알아 저것도 알아. 아니 저런 시시한 걸 하려고 여기에 왔나?' 하는 저항들이 일어날 수 있다는 것입니다.

이 세상에는 많은 질병이 있는데 그중에서 최악의 질병이라고 할 만한 병이 드러나는 것입니다. 바로 '안다병'입니다. 그래서 오늘은 '안다병과 지행득'에 대한 이야기를 나눠보겠습니다.

안다병의 안타까움

그리고 '안다병'보다 한 수 더 높은 병이 있습니다. 그것은 '다 안다병'입니다. 실은 스승님께서도 안다병' 환자였고, '다 안다병' 환자이셨다고 말씀하십니다. 자신이 겪어보았기에 안다병 환자들의 마음을 잘 알게 되었고 이런 좋은 말씀을 우리에게 해주실 수 있었던 것이지요.

'다 안다병'에 걸려서 인생 나에게 물어라 백문백답이다. 하던 때가 고등학교 졸업할 무렵이셨습니다. 중학교 때부터 책을 많이 읽으셔서 나름대로 인생에 대해 다 아는 것 같은 생각이 들었고, 마치 세상을 달관한 것처럼 느껴지셨던 것입니다.

그래서 어디에서 누가 무엇을 묻든 물었다 하면 답이 나왔다고 하십니다. 주관적인 답이지만 답이 막 나오는 것입니다. 그도 그럴 것이 옛날에는 학교에 다닌 사람이 동네에 거의 없으니 집안의 장손이고 중학교만 다녀도 높이 봐주던 때이기에 더욱 거칠 것이 없었던 것이지요.

그런데 이 세상에는 그런 환자들이 의외로 많습니다. 그 환자들도 무엇인가 새로운 정보를 또 입수해서 더 수준이 올라가야 하는데, '안다병'이 도사리고 있어서 수없이 많은 유익한 정보가 들어오지를 못합니다. 알아야 할 그 좋은 정보가 들어오지도 정착하지 못하고 그냥 흘러가 버리는 것입니다. 아깝고 대단히 유감스러운 일이지요.

어떤 정보가 나를 향해 날아와서, 그것이 내 안으로 들어와 자리 잡았다 하면 **횡**재적인 사건이 일어날 수도 있는데, 나의 '안다병'으로 인해서 지나쳐 버린다고 하면 안타까운 일이지요.

특히 수련장에서는 더욱더 그렇습니다. 수련장에서는 고도로 높은 지식을 가지고 수련하는 것이 아니라, 극히 상식적인 것을 가지고 수련을 합니다. 그렇기 때문에 상식적인 것이 들어올 때, 눈을 씻고 새로이 보려 하지 않으면 다 놓쳐 버립니다.

지금 여러분과 나누고 있는 행복특강이 바로 그렇습니다. 새로이 더 배울 것이 있어서 강의를 하거나 듣는 것이 아니라, 지금까지 배운 것을 지행득(知行得) 해보는 시간인 것입니다.

그래서 수련장에 오는 사람들에게 늘 말씀을 하십니다. "여기서 새로이 더 배울 것은 없습니다. 유념들 하세요. '안다병'과 '다 안다병'을 버리지 않으면 얻을 것이 아무것도 없고, 그걸 버린다면 세상과 사람이 달리 보이실 것입니다." 그때부터 정신들을 바짝 차립니다.

안다병 치료제

그렇게 하고 치료제 이야기를 하십니다. 그 치료제에 대해 듣기 전에 먼저 하나 유념할 것이 있습니다.

'지식의 신'이라는 말입니다. 지식이 살아있는 신과 같은 존재라는 것이지요. '지식의 신'이 그 사람의 행복을 위해서 그 사람에게 들어가려고 합니다.

그런데 '안다병'으로 대문을 지키고 있어 열 수가 없습니다. 지식의 신이 다시 시도를 하면 '다 안다병'이 또 앞을 가로막습니다.

지식의 신은, "지식의 신을 수용하고 받아들이기만 한다면 네 인생이 백팔십도 전환될 텐데, 어째서 네가 이것을 못 받아들이느냐."하고 안타까워합니다. 거의 모든 사람에게는 이러한 저항이 있습니다. 그 저항에서 벗어날 수만 있다면 만사가 술술 풀릴 터인데 안타까운 일이지요.

지행득(知行得)

그러면 어떻게 해야 벗어날 수 있을까요? 이렇게 물어보십시오.

"지(知), 네가 제대로 아느냐?" "지(知)?"하면서 "제대로 아느냐?"를 진지하게 물으면, 누구도 '예'하고 대답하기가 어렵습니다. 그 때 생각해 보게 됩니다. 그리고 그 순간에 분명히 옷깃이 여며지고, 고개가 숙어질 것입니다.

어느 날, 한 도시에서 대형 트럭이 지하로의 입구에 꽉 끼이는 사고가 일어났습니다. 차는 앞으로도 뒤로도 움직이지를 못했습니다. 경찰이 출동하고 구경꾼들이 모여들었습니다. 기술자들은 차를 빼내기 위해 온갖 궁리를 다하고 있었습니다.

그 때 구경을 하고 있던 한 소년이 트럭 운전기사에게 다가와 조용히 말했습니다. "아저씨 제가 차를 **빼낼** 방법을 가르쳐 드릴까요?"

"됐다. 꼬마야, 어른들이 알아서 할 거다. 다친다. 저리가라."

내가 더 잘 안다는 생각으로 아이의 말을 듣지 않고 무시했습니다.

그러나 도저히 차를 **뺄** 수가 없었습니다. 할 수 없이 그 소년에게 물었습니다.

"어떻게 하면 되는데?" "네, 아저씨. 타이어에서 공기를 조금 **빼면** 돼요."

트럭기사는 그 아이의 말대로 타이어의 공기를 조금 **뺐**습니다.

그러자 트럭은 입구에서 쉽게 빠져 나올 수가 있었습니다.

'나는 다 안다.'는 병만 고치면 세상 모든 존재가 나를 돕는 은인이 되어 줄 수 있습니다.

제대로 행(실천)하고 있느냐?

그리고 다음은 "행(行)?" 하고 물어보십시오.

"네가 지금 알고 있는 것만이라도 잘 행하고 있느냐?"

"잘 실천하고 있느냐?"

이렇게 묻는다면 이제 고개는 더 숙어지게 됩니다.

케냐의 유망한 여성 마라톤 선수가 경기에 출전했습니다.

경기 도중, 함께 달리던 중국의 두 팔꿈치 아래가 없는 장애인 선수가 탈수 증세를 보였습니다. 그러자 그녀는 속도를 줄이며 다가가 물을 건네 주었습니다.

이 일로 인해 초를 다투는 마라톤 기록이 늦어져, 케냐 선수는 1등을 할 수 있었지만, 2등으로 들어왔고 상금도 2만 불이나 놓쳤습니다. 그 돈은

케냐에서 온 가족을 몇 년을 먹여 살릴 수 있는 엄청난 금액이었습니다.

그러나 그녀는 '다시 같은 상황이 와도 같은 행동을 했을 것'이라며 오히려 그 장애 선수를 걱정했습니다.

너의 인품이 되었느냐?

그다음에 다시 한 수 더 묻습니다. "득(得)?"이라고 물어봅니다. "네가 지금 알고 있는 것들이 너의 인품으로, 체화됐느냐?" 이렇게 물으면 이제 고개가 90도로 꺾여서 "아니올시다." 하게 됩니다.

자신을 돌아볼 때 '제대로 아느냐?' 하여도 자신이 없고, '실천하느냐?'에 가서는 더 말할 수 없이 부끄럽고, '체득했느냐?' 할 때는 쥐구멍이라도 찾아집니다.

인생에서 '안다병'과 '다 안다병'만 내려놓는다면, '지식의 신'은 우리에게 큰 행운을 안겨줄 것입니다.

내 인생 복습만으로 충분하다

첫째, '내 인생 복습만으로 충분하다.' 하는 말씀입니다. 우리들이 이미 알고 있는 것을 거듭거듭 복습해서 제대로 알고, 실천하고, 몸에 익히도록 하는 것입니다.

둘째로, '반복이 천재를 낳는다.' 하는 말씀을 기억합니다. 세상의 모든 명인은, 이미 아는 것을 반복, 반복한 사람들입니다. 반복함으로 해서 명인이 되어가는 것입니다.

태권도에서도 수도치기다, 발차기다 하는 것도 반복 반복해서 명장이 되는 것입니다. 무엇이나 마찬가지입니다.

무엇이나 반복, 반복하는 것이 명인을 만들어내고, 천재를 만들어내고 그 인생을 활구로 만들어냅니다. 반복하지 않고 대충 알면서 안다고 생각하는 것은 못난 일이지요.

'에디슨' 이야기는 모두 아시지요?

발명가 에디슨은 '천재는 1%의 영감과 99%의 땀으로 이루어진다.'고 했습니다. 그는 전구를 발명할 때 2천여 번을 실험했으나 모두 실패했습니다. 2천여 번을 실패하자 조수가 마침내 불만을 터뜨렸습니다. "우리의 작업은 헛수고가 됐어요."

에디슨은 자신 있게 대답했습니다. "아니지, 우린 좋은 전구를 만드는 데 적합하지 않은 방법 2천 가지를 알게 된 것이지."

먼 훗날 한 젊은 기자가 인터뷰 도중 에디슨에게 "그토록 수없이 실패했을 때의 기분이 어떠했나요?" 하고 묻자 에디슨은 말했습니다. "실패라니요? 난 한 번도 실패한 적이 없습니다. 난 단지 2천 번의 단계를 거쳐 전구를 발명했을 뿐입니다."

마무리와 삼행시

이제 우리가 왜 '안다병'을 내려놓아야 하는지 아시겠지요? 더는 몰라도 좋습니다. 알고 있는 그것을 생활 속에서 실천하는 것입니다. 삶의 폭이 더 넓어지고 깊어지게 될 것입니다. 그렇게 반복 또 반복하다 보면 체득은 저절로 되는 것이지요.

'안다병'과 '지행득'으로 삶이 좀 더 깊이 있고 풍요로워지시기를 기원합니다.

오늘은 '안다병' 3행시로 마치겠습니다.

안 : 안다병은 어리석음의 극치입니다.

다 : 다행스럽게도 자신의 안다병 증세를 빨리 발견해서
　　 고칠 수만 있다면,

병 : 병은 초기에 치료될 것이고, 배운 것은 잘 지행득되어
　　 더욱 행복한 삶이 되시리라 믿습니다.

고맙습니다. 사랑합니다. 축복합니다. 행복하세요.

인생과 욕구

인생이란,
욕구의 실현과정이다.

욕구란
선악의 문제가 아니고
그냥
인간 존재 속성의 하나일 뿐이다.

인간의 궁극목표인
자아 실현욕이 발동되려면
생리욕, 안전욕, 사랑욕, 인정욕이
충족되어야 한다.

모두의
자아 실현욕이 발동될 수 있도록
서로 사랑욕과 인정욕을
채워주는 것이
우리들이 할 일이다.

37강 인생과 욕구
먼저 사랑하고 인정해 주어라

지난 이야기

지난 시간에는 '안다병과 지행득'에 대한 이야기를 했었지요.

'안다병'의 진짜 의미는, "알고 있는 것을 또 듣는다고 해도 아는 척하지 말고, 항상 새로운 마음으로 처음 배우는 마음으로, 지금 들어오는 지식을 받아들여라." 하는 것입니다.

그런 다음 지행득(知行得)으로 자신을 한 번 더 점검해보고, 겸손함으로 놓친 것을 찾아내며 말속에 들어 있는 참뜻을 받아들입니다. '성숙해진 인품으로 나날이 더 행복하게 살아가시라.' 하는 말씀이지요.

'안다병'의 퇴치와 지행득의 사유로 언제나 풍성한 나날이 되시기를 기원합니다.

인생과 욕구

이 시간에 여러분들과 같이 생각해 볼 것은 '인생과 욕구'입니다.

인생과 욕구, 먼저 인생이 무엇이냐고 묻는다면 어떤 답을 하시겠습니까? 그 답을 할 때 필히 거쳐야 할 주제는 욕구입니다.

인생을 말하기 전에 사람의 욕구부터 이해해야 된다는 것이지요. 인생이라고 하는 것은 결국은 욕구의 실현 과정이기 때문입니다. 욕구의 성취, 욕구의 실현 과정이 인생이기 때문에 욕구의 이해가 먼저 필요하다는 것입니다.

심리학 분야에서는 욕구에 대해서 대단히 많은 연구를 해왔습니다.

그래서 우리는 매슬로우의 욕구위계설을 많이 들어봤습니다.

이 욕구 위계설은 삶에 매우 유익하고 도움이 되는 이론입니다.

매슬로우는 1908년에 태어나서 1970년, 63세에 돌아가셨습니다. 매슬로우처럼 업적을 남기신 분이 63세에 돌아가셨다니, 아깝고 아쉬운 마음이며 한편으론, '우리들은 좋은 때에 태어나 참 건강하게 장수하는구나!' 하는 생각도 듭니다.

어쨌건 오늘은 매슬로우의 욕구위계설을 가지고 생각해보는 시간을 갖도록 하겠습니다. 오늘, 이 시간에 우리들은 욕구가 인생에 있어서 중요하다는 것을 확실히 손에 쥐어보겠습니다.

먼저 매슬로우의 욕구 위계론을 이해한 다음, 욕구 차원에서 어찌하며 살아가야 하느냐? 하는 것을 살펴보는 것이 이 시간 우리들의 공부 주제입니다.

욕구란,

욕구가 배제된 인생은, 돌멩이나 풀포기의 삶과 비슷합니다. 사람이 사람인 점, 동물이 동물인 점은 욕구가 삶으로 드러나는 것입니다. 욕구는 선악의 문제가 아닙니다. 욕구란, 우리 속에서 어떤 동인이 되는 에너지입니다. 욕구는 선악의 문제가 아니고, 인간 존재 속성일 뿐입니다.

그 욕구에는 다양한 측면들이 있는데 매슬로우는 욕구를 5단계로 이야기했습니다. 이 욕구는 5단계로 나누기 전에 일단 크게 둘로 나눌 수 있습니다.

첫 번째는 결핍 동기를 바탕에 둔 욕구와 두 번째는 존재 동기를 바탕에 둔 성장욕구입니다. 5단계의 욕구 중에서 앞의 4개가 결핍 동기를 바탕에 둔 결핍욕구로 생존욕, 안전욕, 사랑욕, 인정욕입니다.

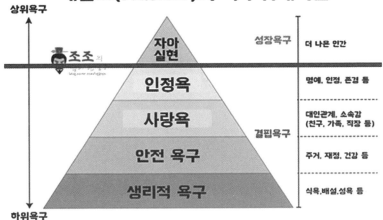

매슬로(Maslow)의 욕구위계이론

상위욕구

자아실현 — 성장욕구 — 더 나은 인간

인정욕 — 명예, 인정, 존경 등

사랑욕 — 대인관계, 소속감 (친구, 가족, 직장 등)

안전 욕구 — 결핍욕구 — 주거, 재정, 건강 등

생리적 욕구 — 식욕,배설,성욕 등

하위욕구

결핍 동기와 욕구

매슬로우는 생리적 욕구를 1번으로 놓고 있습니다. 생리적 욕구가 해결되지 않으면 안전의 욕구가 발동할 수가 없고, 안전 욕구가 해소되지 않으면 사랑 욕구, 인정 욕구가 발동되지 않는다는 이론입니다.

그러나 이것이 절대적인 것은 아니고 대체로 그러하다고 이해하는 것이 좋습니다. 그런데 생리욕, 안전욕, 사랑욕, 인정욕을 살펴보면 참으로 흥미롭습니다.

생리욕의 예를 들어볼까요? 내가 지금 배가 몹시 고픕니다. 배가 고플 때는 다른 것에 신경 쓸 아무 여유가 없습니다. 배고픈 것이 해결되지 않고는 아무것도 하지 못한다는 것입니다.

'금강산도 식후경'이라는 말이 있습니다. 금강산 구경이 아무리 좋다고 해도, 3일을 굶었다 하면 배고픔이 해결되지 않고서는 가고 싶은 마음이 나지 않는다는 것입니다.

그래서 생리욕을 1번으로 놓은 것은 아주 일리가 있습니다. 생리욕은 지금 당장 고통스럽고, 해결하지 않으면 안 되는 욕구이기 때문입니다.

다음은 안전욕입니다. 이 안전욕은 미래에 대한 불안을 해소하자는 것입니다. 내일 전쟁이 일어날 것 같은 불안한 상태에서는 행복할 수가 없고, 그다음 생각을 할 수가 없습니다.

안전욕이 충족되어야만 그다음은 단계인 사회적인 욕구가 생기는 것입니다. 사랑욕이나 인정욕은 사회적 욕구입니다. 인간관계에서 일어나는 욕구인 것이지요. 일단 생존이 보장되고 안전해야 생기는 욕구입니다.

생리적인 욕구가 해결되었고, 안전의 욕구까지 해결되었습니다. 비바람과 배고픔을 걱정하지 않아도 되고, 누군가가 나를 해칠지도모른다는 그런 불안한 상태가 모두 해결되었습니다.

이때가 되어야 옆을 돌아보게 되고, 주변에 눈을 뜨게 됩니다. 그러면서 사람들로부터 보살핌을 받고 싶어 합니다. 애정 어린 보살핌을 받고 싶어 하는 것, 이것이 사랑 욕구입니다. 사랑은 사람을 살맛 나게 해주는 또 다른 힘이 있습니다.

노인과 펭귄의 사랑

브라질의 리우데자이네루 남동해안 사는, '수자 할아버지와 펭귄의 사랑 이야기'입니다.

수자 할아버지는 2011년 어느 날, 해변을 산책하던 중 기름 범벅이 되어 죽어가던 펭귄 한 마리를 발견했습니다. 집으로 데려와 기름때를 며칠간 꼼꼼하게 벗겨내고, 멸치와 정어리를 먹이며 정성스럽게 돌봤습니다.

펭귄이 살아나 건강하게 되면, 바다로 돌려보낼 생각이었기에, 펭귄이 건강해진 후 온갖 방법을 다 동원해 바다로 보냈습니다.

그렇게 보내고 나면 펭귄을 보내준 배가 돌아오기도 전에, 펭귄이 집에 다시 돌아와 있기 일쑤였습니다. 할 수 없이 할아버지는 펭귄에게 '딘딤'이란 이름을 붙여주고 11개월을 함께 보냈습니다.

그러던 어느 날 펭귄이 털갈이를 마치더니 갑자기 사라졌습니다. 서운하지만 '다행이다.' 생각을 하며 딘딘과의 추억을 가끔 떠올리고 있었지요.

그런데 맙소사, 4개월쯤 지난 후에 딘딘이 꽁지를 흔들며 나타난 것입니다. 알고 보니 칠레의 최남단 파타고니아 집단서식지에서 무려 8,000km를 헤엄쳐 온 것이었습니다. 그리곤 매년 6월에 돌아와, 8개월을 할아버지와 보내고, 2월이면 짝짓기를 위해 돌아갔습니다. 그리고 4개월이 지나면 돌아오기를 반복하며 살게 되었습니다.

수자 할아버지와 있는 8개월 동안에 딘딘은 할아버지와 수영을 하거나, 해변을 걸으며 늘 함께 다녔습니다. 다른 동물이 나타나면 날갯짓을 하여 쫓아버리며 즐겁게 살아가고 있었습니다.

딘딘은 이제 마을의 마스코트가 되었고 영국방송에도 2번이나 소개되었습니다.

마젤란 펭귄들은 동족끼리 집단생활을 하는데 그것을 다 버려두고, 사랑의 힘으로 수많은 위험과 죽음을 무릅쓰고 할아버지에게로 달려오는 것이지요. 서울에서 부산을 16번이나 왕복해야 하는 먼 거리를 그 작은 몸으로 헤엄쳐오는 감동과 기적을 매년 만들어내는 것입니다. 이것이 사랑의 힘이지요.

그리고 사랑욕이 어느 정도 성취가 되었다고 하면, 그다음엔 무슨 욕구가 생길까요? 동물은 사랑만으로 만족하지만, 사람은 또 다른 것을 욕구하게 됩니다. 인정욕이 속에서 발동하게 되는 것입니다. 사랑도 받고 든든하니 사회적으로 남들에게 무엇인가 좀 인정받을 만한 것, 일을 하고 이루고 싶어집니다.

"너, 쓸모가 있어." "너, 하면 될 것 같아."

"너 하는 것을 보니까 가능성이 있던데." 하는 능력 있는 사람이라는 것을 인정받고 싶은 것입니다. 그런 인정 욕구까지 해결이 되어야, 그다음 차원으로 나아갈 수가 있다는 말입니다.

존재 동기를 바탕에 둔 욕구

이렇게 사랑욕, 인정욕이라는 결핍 욕구가 해결되고 나면 이제 드디어 자아 실현욕이 생깁니다. 자아 실현욕은 존재 동기를 바탕에 둔 욕구로 이제 결핍된 것은 다 해결되었으니, '내가 무엇을 해야 하느냐?' 하며, 인간으로서 해야 할 일 쪽으로 관심이 가는 것을 말합니다.

내 주변을 보니까 사람들이 헐벗고 있습니다. 그럴 때 헐벗고 있는 저 사람들을 내가 어떻게 도와줄까? 하는 사랑과 자비의 구현을 하고 싶은 욕구가 일어나게 되는 것입니다.

또는 나만이 구현해 낼 수 있는 어떤 미션을 내 속에서 궁리하고 행동해서 이루어 내기를 원합니다. 그래서 그것으로 세상을 위해 도움이 되는 삶을 살아가는, 자아 실현욕이 발동하는 것입니다.

이 자아 실현욕이 충분히 일어나면 세상에 태어나서 사람으로서 궁극적으로 해야 할 일을 하게 됩니다. 사람으로 태어났으면 세상을 사람답게 살다 가기 위하여, 자아 실현욕이 일어나야 하고, 자아 실현을 하다 가야 삶의 보람이 있지 않겠습니까?

그런데 자아 실현욕이 발동되지도 못하고, 결핍 욕구도 해결하지 못한 채 사라져가는 사람들이 무수히 많습니다. 안타까운 일이지요.

자아 실현욕구가 발동되려면 그에 앞서 사회적인 욕구가 해결되어야 합니다. 여러분들의 자아 실현을 위해서, 또 세상 사람들의 자아 실현을 위해서 우리들이 해야 할 일이 있습니다.

자신의 사랑욕과 인정욕은 이제 스스로 해결해야 합니다. 자기 자신을 충분히 사랑해주고, 인정해주는 것입니다. 그래서 내 속에 아직도 자리하고 있는 사랑욕과 인정욕의 결핍 동기를 자신이 넘어서야 합니다. 물론 그 위에 보너스로 다른 사람으로부터 사랑과 인정을 받으면 더욱 좋겠지요.

그런 다음 우리들이 진짜 해야 할, 또 하나의 일은, 주변 사람을 사랑하고 인정해 주는 것입니다. 사랑욕과 인정욕에 목말라하는 사람에게 내가 할 수 있는 만큼 베풀고 나누어주는 것이지요.

나의 욕구는 스스로 해결할 줄 알고 다른 이들의 사랑욕과 인정욕을 충족시켜줌으로써, 그들의 자아실현을 위한 동력이 되어주는 것입니다. 삶의 중대한 열쇠가 되어주는 역할을 내가 하는 것이지요.

아주 간단한 일입니다. 진심으로 사랑하고 인정하는 말과 행동을 하기만 하면 됩니다. 이 두 가지에 눈을 뜨고 실천하는 사람은 스스로 자아실현을 할 수 있고, 주변 사람들이 자아실현을 하도록 도울 수 있습니다. 이제 우리는 그렇게 할 수 있고 해야만 합니다.

인정욕과 사랑욕 채워주기

세상에 사랑욕과 인정욕은 어떻게 나누고 채워줄 수 있을까요?

대학교의 시험 기간이었습니다. 교수님이 시험지를 나눠주자 학생들은 자신 있는 표정으로 문제를 풀어나갔습니다.

그런데 마지막 문제가 학생들을 당황하게 만들었습니다.

"강의실 안팎을 청소하시는 아주머니의 이름을 쓰시오."

마지막 문제에 자신 있게 답을 적어낸 학생은 아무도 없었습니다.

어처구니없는 문제에 짜증이 난 한 학생이 시험을 마친 후, 마지막 문제가 점수에 들어가는지 교수님께 물었습니다. 그러자 교수님은 이렇게 대답했습니다.

"너희들이 만나는 모든 사람이 사랑과 관심을 받을 자격이 있는 사람이지. 우리가 이렇게 공부를 하는 이유는, 주변 사람들과 따스한 미소와 감사를 나누고 살기 위한 것이 아닐까?"

그렇습니다. 지금까지도 잘해오고 계신 일이지만, 우리가 곳곳에서 만나는 사람들에게 작은 관심과 따스한 미소와, 고마움을 표하는 것이야말로 모두의 사랑욕과 인정욕을 충족시켜주는 것입니다.

마무리와 3행시

여러분의 자아실현을 위해서, 주변 사람들의 자아실현을 위해서, 우리가 할 일은 무엇입니까? 자신의 사랑욕과 인정욕은 스스로 채워나가고, 주변 사람들을 사랑해주고 인정해주어서 그 사람들의 사랑욕과 인정욕을 성취시켜주는 것입니다.

모두가 자아실현을 하며 살아갈 수 있도록 돕는 것이지요. 그것이 사람 사는 세상 아니겠습니까?

오늘은 '인정욕' 3행시로 마치겠습니다.

인 : 인정욕은, 인간이 살아가는 힘을 주는 기본적 욕구입니다.
정 : 정말 모든 사람들이 자아실현을 이뤄가길 원한다면
욕 : 욕심을 버리고, 모두에게 사랑욕과 인정욕을 채워주는
　　넉넉한 삶이 되시길 기원합니다.

고맙습니다. 사랑합니다. 축복합니다. 행복하세요.

행동명상

행동명상의 공덕은 무엇이 있을까?

내적인 정화와

외적인 평화이다.

마음속에 쌓여있던

찌꺼기가 정화되어

밖으로 터져 나올 뻔한

공격성이 사라지니

부딪힘이 줄어든다.

행동을 통해 명상의 효과를

볼 수 있으니

마음이 평화로워진다.

QR코드를 스캔하면 행복특강 강의를
시청하실 수 있습니다.

38강 행동명상 이론편
행동명상의 4대 원리

안녕하세요? 이 강의를 한 날이 6월 9일이었습니다. 그래서 6과 9라는 글자를 생각해보았습니다. 6과 9자를 살펴보면 사실은 같은 글자인데 서로 살짝 돌리면 6과 9가 됩니다.

우리의 삶도 어떻게 돌려보느냐에 따라, 이렇게 다르게 보일 수 있음에 눈을 뜨게 해주는 숫자입니다. 나의 삶을 바라보는 점수는 내가 선택하는 것입니다. 6점이라고 하든 9점이라고 하든. 마찬가지로 내가 처한 상황이나 만나는 사람이 마음에 안 드는 순간, 조금 돌려 보면 어떨까요? 6이 9가 될 수 있고, 9가 6이 될 수도 있습니다. 언제든 내가 행복해지는 쪽을 선택할 수 있는 것입니다.

지난 시간에는 '인생과 욕구'에 대한 이야기를 나누었지요.

삶의 원동력이 욕구입니다. 결핍 욕구인 생리욕, 안전욕, 인정욕이 충족되면, 존재 욕구인 자아 실현욕이 발동된다는 말에 동의되시지요.

이왕에 한 세상 살 거라면, 너나없이 자아실현을 하며 살아갈 수 있도록 서로 도와주고 살면 뿌듯할 것입니다. 모든 이들의 자아실현을 위하여 행복특강을 들은 우리들이 자신과 모두의 결핍욕을 해소해줄 수 있는 존재가 되었으면 좋겠습니다. 사랑과 자비의 마음으로 할 수 있는 만큼 하면 됩니다.

주변 사람들을 사랑하고 인정해주며, 적극적으로 표현할 줄 아는 여러분 되시길 바랍니다.

행동명상의 정의

이 시간에 여러분과 공부할 주제는 행동명상입니다.

행동명상은 이론과 실습으로 나눌 수 있는데, 이 시간에는 이론을 먼저 나누겠습니다.

행동이 명상인가? 의아하시지요. 명상이라고 하면 벽을 향해 조용히 앉아서 하는 것이 아닐까? 하는 고정관념을 깨고 스승님께서는 한 발 더 나가셨습니다.

그건 기본적인 명상 자세일 뿐이고, 어떤 것이든 명상적 효과를 얻을 수만 있다면 명상이라고 할 수 있다는 것이라구요. 마음이 정화되고 평화로워지며 사랑과 자비의 마음이 생겨날 수 있다면, 그것이 행동명상인 것입니다.

예를 들면, 노래를 불렀더니 가슴이 시원해지고 뻥 뚫린다고 하면 '노래부르기가 명상'이 되는 것입니다. '노래 명상'이지요. 춤을 추었더니 몸과 마음이 가벼워지고 시원해지면 '춤 명상'입니다.

그래서 요즘은 명상이라는 이름이 붙은 것이 무척 많습니다. 한발 나아간 명상의 개념은, 어떤 행동을 해서 명상적인 성과를 얻을 수 있다면 그 행동을 명상이라고 하는 것입니다.

그렇다면 벽을 보고 앉아서만 명상을 해야 할까요? 행동으로도 해보아야 할까요? 당연히 행동으로 해보아야겠지요.

행동명상의 첫 번째 공덕

그래서 행동을 해보려는데 무엇인가 에너지가 딸린다고 생각되면, 그 에너지에 동기를 불어넣기 위해 두 가지를 유념하면 좋습니다.

첫째는 정화와 평화라는 행동명상의 공덕을 아는 것입니다. 정화는 내 마음을 깨끗이 씻어주는 것입니다.

산에 성큼성큼 올라갔다 내려왔더니 가슴이 시원하고 후련해졌습니다. 그 산행이 마음이 정화되는 '등산 명상'이 되는 것입니다.

그다음은 평화, 평화는 마음을 편안하게 해주는 것이지요.

아들과 무엇이 잘 맞지 않습니다. 그래서 자꾸 부딪치고 불꽃이 튑니다. 그럴 때, "아들아, 우리 춤 한번 같이 춰보자."하고는 아들과 함께 신나게 춤을 춥니다. 그랬더니 아들이 와락 끌어안으며 "아빠 사랑해요."하면 마음이 풀립니다. 춤이 평화를 가져온 것입니다.

정화는 대내적, 평화는 대외적인 것으로 관계 차원의 공덕입니다.

이처럼 정화와 평화가 행동명상의 첫 번째 공덕이 됩니다.

행동을 통해서 내가 정화되고, 관계에 평화가 온다면 누가 그 행동명상을 하지 않겠느냐 하는 것입니다.

그리고 두 번째는 행동명상을 구체적으로 어떻게 해야 할 것이냐? 를 이해하는 것이 좋습니다. 그래서 행동명상의 네 가지 원리를 이해하고, 그 네 가지 원리대로 실천을 하리라. 마음을 먹는 것입니다.

행동주의(行動主義) 원리

그러면 네 가지 행동명상의 원리 중에서 1번부터 살펴보겠습니다.

행동명상 4대 원리 중에서 첫 번째는 행동주의의 원리입니다. 이 말은 심리주의에 대응되는 말로 직접 어떤 행동을 하면 문제가 해결된다는 원리입니다.

예를 들면, 고양이 공포증이 있는 사람에게 고양이 공포증을 없애주는 행동명상을 해봅니다.

처음에 고양이를 멀리 100m 앞에 놓고 적응훈련을 시작합니다. 차차 90m, 80m, 70m-----10m-1m-0m 하는 식으로 차츰 간격을 좁히면서 무서워할 것이 없음을 확인하는 행동을 하여, 공포증을 사라지게 하는 것입니다. 그렇게 적응을 해나가면 고양이가 옆에 왔을 때쯤에는 이미 공포증에서 벗어날 수 있다는 것입니다. 이것이 행동주의 원리입니다.

단행정화(斷行淨化)의 원리

두 번째는 '단행정화(斷行淨化)의 원리'입니다. 행동을 저질러서 단행을 하면 정화가 된다는 것입니다.

예를 들면 '엉엉 소리 내 울어버렸더니 가슴 속이 시원해졌다.' 울음이란 행동을 단행했더니 정화가 되었다는 것입니다. 분노를 터뜨려버렸더니 시원해지고 미웠던 놈을 마음으로 안아 줄 수 있게 됩니다. 큰 소리로 실컷 웃었더니 속에 뭉쳐있던 응어리가 다 풀리고 미움이 시원해졌습니다.

신문지로 몽둥이를 만들어 때리고 싶은 사람을 '방석'이라 생각하고 실컷 소리치며 때렸더니, 미운 생각과 진짜 때려주고 싶은 생각이 싹 사라지기도 합니다.

그것이 '단행하니 정화된다.'라는 단행정화의 원리입니다.

동행친화(同行親和)의 원리

세 번째 원리는 동행친화(同行親和)의 원리입니다. 동행이란 같은 행동을 하는 것이지요. 무언가를 함께 해서 친해지는 방법이 동행친화의 원리입니다.

술을 함께 마시면서 친해지고 함께 춤을 추며 친해지고 등산을 하며 친해지고 목욕탕에 가며 친해집니다. 이렇게 어떤 것을 함께 하면 친해진다는 것입니다.

스승님께서 교사이셨을 때의 이야기입니다. 스승님이 약간 근엄하게 생기셨고, 윤리와 독일어를 가르치셨으니 학생들 편에서 보면 무섭고 어렵게 느껴졌겠지요.

그런데 수학여행을 갔습니다. 학생들에게 술을 절대 마시면 안 되고 12시 전에 불 끄고 자라고 단단히 일렀습니다.

그런데 한밤중이 되니 아이들 방이 시끄러워졌습니다. 올라가 보니 술을 마시고 사방에 커튼을 쳐놓고는 정신없이 춤을 추고 있었습니다.

"이놈들, 술을 마시고 춤을 춘단 말이냐!" 하고 단호하게 혼쭐을 내줄까, 몇 번이나 고민을 하다가, '그냥, 모르는 척하고 함께 해주자.' 하고는 아이들 속에 끼어들어 같이 춤을 추고 내려왔습니다.

그 후 학교에 돌아가서 어땠을까요? 함께 춤 한번 추었을 뿐인데, 아이들 태도가 달라졌습니다. 수학여행 가기 전보다 눈빛이 다정해졌고 경계심이 없어졌고 웃는 얼굴로 대하는 것이었습니다.

그 경험은 평생 잊어버릴 수 없는 추억과 기억으로 남으셨습니다. 인간관계에 있어 이 동행친화의 중요함을 실감한 아름다운 사건이 되었습니다.

파격선도(破格鮮度)의 원리

그다음은 파격선도(破格鮮度)의 원리입니다. 파격선도(破格鮮度), 격을 파하면 신선도가 높아진다는 말이지요.

어떤 사람이 고정된 행동을 계속하게 되면 싫어지고 피하게 됩니다. 가끔은 고정된 행동에서 약간 벗어나는 게 신선한 것이지요. 절대로 넘어지지 않고 똑바로 만 걷던 사람이 한번 탁 쓰러지면, 주위에서 "와~"하면서 좋아합니다. 이것이 파격선도입니다.

파격선도라고 하면 언제나 떠오르는 기억이 하나 있습니다.

수련생 한 분이 매번 오는데 그 사람 행동이 언제나 한결같았습니다.

걸음은 조용조용 얌전히 걷고, 말도 음성의 변화 없이 딱 볼륨 2~3을 유지합니다. 또 소감문을 썼다 하면 단문도 쓰고 장문도 쓰면 좋은데 전부 장문입니다. 발표할 때 목소리도 여전히 2나 3 볼륨으로 계속됩니다.

보기만 하면 답답한데 그다음에도, 언제나 변함이 없습니다. 그래서 그 사람이 출현만 하면 모두 슬슬 피합니다. 다들 '오메, 답답하고 지루한 거'하는데, 이 사람이 늘 수련에 옵니다. 마음속으로 '그 수련생 좀 안 오면 좋겠다.' 할 정도였습니다.

그렇게 지루하고 답답하던 사람이 수련이 끝나는 날, 손을 번쩍 들더니 "저, 제가 노래하나 하고 싶은데요." 하는 것이었습니다.

그런 행동자체가 파격이었습니다. 깜짝 놀라서 "응, 노래를 한다고요?" "아, 예 예 해보세요!" 했는데 세상에, 그것이 파격이었습니다.

'아! 파격이다! 격을 파해라!' 인간관계에서 신선한 대접을 받으려면 '격을 파해라!' 하는 것을 사무치게 느낀 것입니다.

그 수련생이 노래를 부르는데, "노오란 샤쓰 입은~(샤쓰 입은! 샤쓰 입은!) 말없는 그 사람이~(그 싸람이~ 그 싸람이) 어쩐지 나는 좋아~(나는 좋아! 나는 좋아!)"

생전 듣도 보도 못한 엉뚱한 손짓 몸짓으로 춤을 춰가면서 노래를 부르는데 수련장에 있던 사람들이 모두 깔깔대고 바닥을 치며 웃었습니다. 그렇게 한번 하고 나니, 그 사람의 답답하던 느낌이 깨끗이 사라지고, 볼 때마다 친근한 웃음이 나오는 것입니다. 이것이 파격선도입니다.

인간관계 지루해지지 않으려면, 격을 파해 신선도를 높여라.

행동명상, 저질러라

그런데, 그 원리대로 실천하면 참 좋겠다. 하지만 실은 잘되지 않습니다. 그럴 때, 촌철 하나로 행동명상을 실천하도록 부채질을 해줍니다. 그것이 저질러라, 입니다.

근엄한 사람에게 행동명상을 하라고 하면 잘하지 못합니다. 그때 '저질러라' 하는 촌철을 유념하는 것입니다.

'인생 3박자'에서 소개해 드린 촌철이지요. 아, 내가 파격선도를 하면 좋겠는데 안 된단 말이야. 그순간 '저질러라, 저질러라.'를 되뇌며 탁 저질러 보는 것입니다.

빈대의 생존을 위한 저지름

'빈대의 저지름' 이야기 아시지요. 빈대도 생존과 번식을 위해 최선을 다해 저지른다는 것이지요.

현대그룹의 창업자인 故정주영 명예회장님께서는 젊은 시절 인천 부둣가에서 막노동을 했습니다.

그런데 노동자 합숙소는 여러 사람이 함께 생활하다 보니 빈대들이 들끓었습니다. 매일 밤 빈대들이 물어뜯는 바람에 잠을 잘 수가 없었습니다. 밤마다 빈대를 잡아보려 했지만 매번 실패했습니다. 나무 탁자 위에 올라가서 자도, 빈대들은 상다리를 타고 와 어김없이 물어뜯었습니다.

궁리궁리 한 끝에 그는 탁자 다리를 물이 가득 채워진 세숫대야에 담가 놓았습니다. 빈대들이 물에 빠져 아예 올라오지 못할 테니 물 수 없으리라 생각해서였습니다.

과연, 며칠간 모처럼 평화롭게 잠을 잘 수가 있었습니다.

그런데 며칠이 지나니, 또다시 빈대들이 물어뜯는 바람에 잠에서 깼습니다. 도대체 무슨 일인지 알 수가 없어, 빈대들이 어디에서 오는지 관찰해보았습니다.

세상에 어이없는 일이 일어나고 있었습니다.

빈대는 다리를 타고 올라가기가 불가능해지자, 벽을 타고 천정으로 올라가 아래 누운 사람을 향해 뛰어내리고 있는 것이 아니겠습니까!

이후 그는 평생 어려움이 생길 때마다, 빈대의 끈질김을 생각하면서 돌파 방법을 찾아냈다고 합니다.

'최소한 빈대만도 못한 사람은 되지 않겠다.'는 각오로 말입니다.

마무리와 3행시

이렇게 한 번 저지르고 두 번 저지르면 점점 저지르는 것이 자유로워집니다. 자유로워져서 상황에 맞는 행동을 하게 되니 자신감이 생기고 관계도 좋아집니다. 언제라도 행동을 해야 할 상황이 오면, 바로 저지르며 해낼 수 있게 되는 것입니다. 그리고 끝으로 거듭 강조합니다.

'정화와 평화'라는 공덕이 우리에게 동기를 준다는 것을 말입니다.

'정화와 평화'를 가져다줄 수 있는 행동은 모두 행동명상이다.'

그렇게 각인이 되면 여러분들이 어떤 경우에나, 명상적 행동이 저절로 나오게 될 것입니다.

오늘은 '단행해' 3행시로 마치겠습니다.

단 : 단행을 하는 데는 주저함 없는 용기가 필요합니다.

행 : 행동을 한두 번 하고 나면, 주저함이 없는 용기가
　　 생깁니다.

해 : 해법은 단행입니다. 단행하는 용기로 당당하게 자유와
　　 평화를 누리시기 바랍니다.

고맙습니다. 사랑합니다. 축복합니다. 행복하세요.

행동명상과 지인 삼박자

행동명상에는
어떤 것이 있을까?

웃음으로 행복해지는
웃음명상

울어서 마음을 풀어내는
대성통곡명상

의미 없는 말로 답답함을 없애는
무개념 스피치

분노를 표출하여 화를 정화하는
분노표출명상

노랫가락과 가사에
마음을 담아 풀어내는
노래명상

몸이 가는 대로 움직여 자유로워지는
춤 명상

그리고 지인 삼박자

모두가 마음이 정화되고
관계가 돈독해지는 행동명상이다.

39강 행동명상 실습편
정화되고 평화가 온다

 지난 이야기

지난 시간에는 행동명상이론을 이야기했었지요.

행동명상은 정화와 관계의 평화를 이룰 수 있으니 해야 합니다. 그래도 행동이 어려우면 행동명상의 4가지 원리를 기억합니다.

첫째는 행동주의 원리, 고양이 공포증도 간단히 해결할 수 있습니다.

두 번째는 단행정화의 원리를 생각해 보았습니다. 일단 행동으로 옮겨 보라는 것이지요.

세 번째는 동행친화의 원리, 같은 것을 함께 함으로써 서로가 친해질 수 있는 것이지요.

네 번째는 파격선도의 원리를 생각해보았습니다. 가끔 안 하던 새로운 행동을 해보는 것입니다. 그래도 행동이 안 나오면 "저질러라."라는 촌철을 떠올리고 행동해보는 것입니다.

이제는 행동을 할 용기가 생기셨나요? 실천과 행동이 없는 지식은 죽은 지식입니다. 행동하는 지성과 인품을 기대합니다.

행동명상 실습

이제 행동명상을 할 용기가 생기신 것으로 알고 오늘은 행동명상 실천 편을 나눠보겠습니다.

행동명상이란? 명상적인 성과를 가져오는 행동을 하는 것입니다.

걸음을 걷는 것에 마음을 집중하고 걷게 되면 마음이 정화되고 몸도 건강해집니다. 그것이 '걷기 명상'입니다. 춤을 추게 되면 마음이 정화되고 친근감과 즐거움을 느끼게 됩니다. '춤 명상'이 되는 것이지요. 노래, 그림, 웃음, 울음, 분노, 봉사, 여행도 정화를 가져옵니다. 대부분의 행동이 명상이 될 수가 있는 것이지요.

그런데, '명상적인 성과를 가져오는 오는 행동이면 모두 행동명상이라고 한단다. 그런 행동을 하면 명상효과가 있단다.' 하고 이론적으로만 알고 있어 봐야 소용이 없습니다.

한단다, 있단다. 하는 지식을 어디에 쓸 것입니까? 행동 명상을 실제로 해봐야 합니다. 행동명상으로 인품의 변화가 가정, 직장에서 일어나야 합니다.

'구슬이 서 말이라도 꿰어야 보배다.' 꿰지 못한 구슬을 어디에 쓸 것이냐? '나는 꿸 것이다.' 그렇게 생각하고 행동하는 것입니다.

행동명상거리와 유의점

오늘 행동 명상할 것, 몇 가지를 이야기하고 실습해보겠습니다. 처음엔 좀 쑥스러우니까 아무도 없을 때 혼자 하시면 자유롭게 잘할 수도 있습니다. 먼저 '웃음 명상'입니다. 그것을 가가대소(呵呵大笑)라고도 합니다. 다음에 분노 표출입니다. 분노 표출이 이상합니까? 분노 표출을 습관적으로 하게 되면 분노하는 인품이 길러지게 되어서 좋지 않습니다.

그러나 분노를 의도적으로 터트려보는 것은 문제를 해결하게 합니다.

그러니까 우리들이 분노 명상을 할 때는, "내가 지금부터 분노 명상을 한다." 선언하고 해봅니다.

대성통곡 명상도 지금부터 '울음으로 슬픔과 아픔을 풀어내리라.' 정해놓고 울어봅니다. 슬픔에 빠지지 않고, 슬픔이 사라지고 시원해지도록 해보는 것입니다. 춤도 신나게 춥니다.

또 '무개념스피치 명상'도 있습니다. 아무 뜻 없는 말을 하는 것이지요.

노래를 하는 것도 명상적 의도를 가지고 하면 명상이 됩니다. 좋은 가락과 의미 있는 가사는 위로와 평화를 주는 경험해보셨지요. 오늘은 노래 명상까지 실습을 해보시고, 각자 더 많은 행동명상거리를 찾아내어 해보시기 바랍니다. 내 몸과 마음 상태는 끝내는 내가 돌봐주는 게 최선입니다.

행동명상 실습하기

행동명상은 내가 지금 필요하다고 생각하는 것을 행동해서 응어리진 마음을 풀어내 버리는 것입니다. 오늘은 몇 가지 예를 들지만, 생활 속에서 얼마든지 자신에게 맞는 것을 찾아서 해보시면 됩니다.

자, 이제 웃음 명상 시작! 하면, 여러분들이 온전하게 웃음이 되어 큰 소리와 몸짓을 하며 웃어보는 겁니다. 알람을 맞춰놓고 하셔도 좋습니다. 17초 이상은 웃어야 엔도르핀이 나온다고 하니 20초를 맞춰놓고 웃어볼까요? 처음 할 때는 20초 웃는 것도 만만치는 않습니다. 손뼉을 쳐가며 마음껏 웃어보세요.

~~"웃음 명상 시작!"~~우하하하하하하~ 우하하하하하하" 좋습니다.

때론 우리는 '행복해서 웃는 것이 아니라, 웃으니 행복하다.' 하는 마음으로 적극적으로 웃어야 합니다. 행복하기 위하여, 마음이 풀릴 때까지 여러 번 하면 더욱 좋습니다.

다음엔 분노 표출 명상입니다. 최고의 원수를 만난 것처럼 해보는 겁니다. 원수가 없는데요. 그러지 마시고 상상 속에 원수라고 하는 허수아비라도 만들어 놓고 의도된 마음으로 완전히 분노를 터뜨려보는 것입니다.

분노 표출하는 가장 쉬운 방법은 욕을 하고, 삿대질을 하며 눈을 부라리면서 합니다. 아니 교양 없게 어떻게 그런 말과 행동을 합니까? 그냥 일단 한번 해보세요.

~~"분노 표출 시작!"~~

"야 이 나쁜 새끼야. 개새끼야, 소새끼야, 말새끼야, 어떻게 인간이 그럴 수가 있냐? 다시는 내 앞에 나타나지 마라. 지옥에나 떨어져라. 에이 퉤퉤퉤퉤, 개새끼야"~~

마음이 풀릴 때까지 해봅니다. 좋습니다. 남아있으면 다시 합니다.

다음은 대성통곡입니다. 이 우주에 오직 나의 울음밖에 없다는 마음으로 울어보는 것입니다.

인도에 가면 1주일 내내 울음 명상만 하는 곳도 있습니다. 평생 울어야 할 슬픔을 몰아서 다 울어버리는 것이지요.

~~"대성통곡 시작!"~~

"아이고 어머니 왜 그렇게 빨리 떠나셨어요. ~ 엉~엉~엉~ "

마음이 풀릴 때까지 온갖 슬픈 일들을 다 떠올리면서 데굴데굴 굴러가며 온 세상이 울음바다가 되게 해보세요. 덜 풀렸으면 쉬었다가 다시 하시면 됩니다.

다음은 춤 명상입니다. 춤과 노래를 하며 4분의 4박자 리듬에 맞추어서 해봅니다. 난 춤을 못 추는 데요. 춤을 어렵게 생각할 필요가 없습니다.

춤이란, 몸을 이 자리에서 저 자리로 옮기고, 이 자세에서 저 자세로 바꾸는 것일 뿐입니다.

~~"춤 명상 시작!"~~

'하늘 보고 덩실덩실, 땅을 보고 덩실덩실'

팔을 올렸다 내렸다 하고 발을 이리저리 움직이며 '하늘 보고 덩실덩실, 땅을 보고 덩실덩실'이란 말로 노래를 하며 춤추는 자신을 바라보세요. 여럿이 함께하면 아주 즐겁답니다.

다음 무개념 스피치입니다. 소리는 내는데, 아무 의미 없는 말을 지껄이는 것입니다. 화성인의 언어로 하는 것이지요.

무개념 스피치를 하면 많은 사람이 한참 하다가 쇠새끼, 개새끼, 상놈의 새끼 하며 뜻이 있는 말로 변질이 됩니다. 그것은 추락입니다. 그러니까 마구 지껄이되 본인의 말속에 어떤 내용이나 뜻이 있는 말이 아니어야 합니다. 손을 움직여가면서 하면 훨씬 덜 쑥스럽고 소리가 잘 나옵니다.

~~ "무개념 스피치, 시작!", ~~~

~~오아이어아랑가라 짜라소라비리리 쏠레쌀라올에미앙두아리나~~

부부싸움이 났을 때, 싸움을 피하는 방법으로 최고의 언어입니다. 이 스피치로 상대가 웃으면 싸움은 끝나 버리는 겁니다.

그다음에 '노래 명상'입니다. 노래야말로 좋은 명상이지요. 많은 사람이 노래를 부르면 한없이 정화가 되고 친해집니다. 노래 명상이야말로 참으로 권하고 또 권해봅니다.

노래 명상으로 '어머님 은혜'를 불러보겠습니다.

오직 세상에 이 노래만이 있는 것처럼 해봅니다.

~~ "어머님 은혜! 시작" ~~

"낳실 제 괴로움 다 잊으시고 기르실제 밤낮으로 애쓰는 마음,
진자리 마른자리 갈아 뉘시니 손발이 다 닳도록 고~오생 하셨네.
하늘 아래 그 무엇이 높다 하리오. 어머님의 희생은 가이 없어라."
행동명상을 생활화하여 일상이 평화롭고 행복하시기를 기원합니다.

잘 안되면 저질러라

이렇게 모든 행동을 의도적으로 깨어서 하면 전부가 명상일 수 있습니다. 명상적인 성과만 가져올 수 있다면 자유롭게 어떤 행동이든 선택해서

하시면 됩니다. 잘 안될 때는 "저질러라."를 외치며 행동 명상을 해보는 것입니다.

특히 가족들 간에 무엇인가 좋지 않은 일이 있었을 때는, 차 한 잔, 술 한 잔으로 소통을 하는 것도 행동명상이지요. 함께 웃고 울고, 노래를 불러 보고 춤 명상도 해보십시오.

행동 명상을 생활 속에서 잘 활용하셔서, 내적인 행복 수위가 높아지고, 평화 수위도 쑥쑥 높아지시기 바랍니다.

지인 삼박자, 행복을 선언하라

이제 '지인 삼박자'를 소개하겠습니다.

지인(至人)이란, 무슨 뜻일까요? 지인은 지극한 경지에 이른 자, 말하자면 성자를 의미합니다. 예수님, 부처님, 마호메트, 공자, 노자, 장자 등등 우리들이 성자 내지는 현자라고 지칭할 수 있는 모든 분을 지인이라고 합니다.

그러면 지인 삼박자란 무엇일까요? 부처님이든, 예수님이든, 공자, 노자, 장자든, 현자, 성자라고 하는 그분들의 행동이나 사는 모습을 관찰하면 몇 가지 공통점이 있습니다.

우선 그분들은 행복합니다. 그러니까 굳이 그분들이 자신의 마음을 표현한다면, "나는 행복하다." 하는 상태에 있을 것입니다.

또 그리고 그분들은 빙그레 웃고 있을 것입니다. 그분들이 현자요 성자라고 하면 이기적인 주체인 나라고 하는 관념에서 벗어나 있을 것입니다. 나라고 하는 이기적인 주체 의식 속에 있다면 현자나 성자라고 할 수는 없지요.

이 세 가지를 지인 삼박자라고 하는 것입니다. 지인 3박자는 성인들의 일상을 본받자는 것이며, 지인의 행동을 본받는 생활 속 명상입니다.

지인 삼박자의, 일박자는 "나는 행복하다."라고 외치는 것입니다. 이박자는 "가가대소, 큰 소리로 하하하" 하고 웃는 겁니다. 삼박자는 "나 없다, 나 없다." 하고 무아를 선언하는 것, 이것이 지인 삼박자입니다.

우리들이 성자처럼 행복하려면 성자가 가진 인격 특성인 '행복 웃음 그리고 나 없음' 이것을 행동 주의로 접근하시면 됩니다.

행복하면 웃음이 나오지요. 그런데 지금 나는 행복하지는 않습니다. 그럴 때도 웃어보는 것입니다. "하하하" 하고 웃어버리면 마음이 행복해진다는 것이지요.

또 행복한 사람은 행복이 마음에서 우러나와 저절로 "하하하" 웃게 됩니다. 행복하지 않으면 말과 행동으로 "나는 행복하다, 행복하다, 행복하다."를 선언하고 웃으면 행복해지는 기적이 일어납니다. 그래서 '웃으면 행복해진다.' 하는 것이 하나의 촌철이 되었습니다.

그것은 행동명상의 효과를 드러내는 촌철입니다. 그러니까, 우리들은 행복해질 때까지 나는 웃지 않으리라 하는, 그런 어리석은 자세로 살지 말고 행복해지기 위해서 먼저 웃어버리면 되는 것입니다.

또 성자는 인격의 핵심 특색이 "나 없다." 하는 무아(無我)입니다.

평범한 우리가 성자가 되기 위해서는 여러 가지 방편이 있겠지만, 행동 주의적으로 접근해 가면 쉽게 다가갈 수 있습니다.

"나 없다." 하는 무아(無我)도 마찬가지로 행동주의로 접근하여 "나 없다, 나 없다, 나 없다." 하고 선언하다 보면, 점점 내가 없는 쪽으로 무아 쪽으로 내 인격 관념의 흐름이 바뀌게 되는 것입니다. 말과 행동하는 대로 되는 것이지요.

이처럼 나는 지인이 되기 전까지는, 행복 선언도 안 할 것이고, 웃지도 않을 것이고, 나 없다고도 하지 않으려다 하시면 안됩니다. 성자가 되기 위해서는 성자가 갖추고 있는 인격 모드인, 그 세 가지 행동에 적극적으로 접근해야 합니다.

행동주의적 방법을 반복해야 그 행동을 할 수 있게 되는 것입니다.

"천재란 반복이 낳는다."

'지인 삼박자'야말로 행동주의적으로 대단히 좋은, 행복 방법 중의 방법입니다.

지인 삼박자 실습

반복으로 천재가 되기 위해 실습을 해보겠습니다.

일박자는 "나는 행복하다." 이박자는 "가가대소, 웃음" 삼박자는 "나 없다." 입니다.

그럼 함께해볼까요? 지인 삼박자 시작! 하면, "지인인 나는 행복하다, 행복하다, 행복하다."하며 팔을 번쩍번쩍 들며 강렬하게 외칩니다.

이렇게 행복 선언이 끝나자마자, 온전한 웃음이 되는 것입니다. 머리끝에서 발끝까지, 골수까지 웃음이 되는 것입니다. 머리 위에서 천정이 쏟아질 정도로 큰 소리로 웃어젖히는 것입니다.

엔도르핀은 15초가 지나야 나옵니다. 연습하면서 딱 15초 됐으니까 끝내지 마시고 좀 더 웃는 것입니다. 무엇 때문에 인색하게 15초에 딱 끊어버리겠습니까?

15초 만에 엔도르핀 한 방울이 나왔는데, 다시 15초를 웃어댔다 하면 엔도르핀이 두 방울, 다시 15초를 웃으면 엔도르핀 세 방울, 또 웃게 되면 엔도르핀이 기하급수적으로 늘어나게 되어 있습니다. 많이 웃을수록 점점 젊어지고 힘이 솟고 행복해진다는 말이지요. 그럼 해보겠습니다.

<< 지인 삼박자 시작! >>

- (두 팔을 번쩍번쩍 들면서)
  " 지인인 나는 행복하다, 행복하다, 행복하다!
- (손뼉을 치고 발을 구르면서) " 하하하! 하하하! 하하하!....."
- (팔을 양옆으로 펼치면서) " 나 없다, 나 없다, 나 없다."

마무리와 3행시

이처럼 여러분들의 생활 속에서, 가족들과 함께 행동명상을 한다면 가정의 평화를 위해 더없이 좋겠지요. 또 직장에 가서도 일과를 시작하기 전에 동료들과 지인 삼박자를 한다면 어떨까요?

직장이 즐겁고 동료와는 서로 돕게 되고 일의 성과는 더욱 높아지지 않겠습니까? 용기를 내어 모두 실천해보세요. 혹시 어렵다면 아침에 눈 뜨고 일어나서 한 번이라도 할 수 있으면 좋겠습니까? 직장에서도 일과를 시작하기 전에 한 번씩 외쳐보는 것도 권해드립니다. 이것은 가정이나 직장 리더의 의지가 많은 작용을 하리라 봅니다.

여러분들이 멋지고 훌륭한 공동체의 리더가 되셔서, 행동명상과, 지인 3박자를 행복 도구로 적극 활용하시길 바랍니다,

"나는 행동하는 지성이다."

오늘은 '실천해' 3행시로 마치겠습니다.

실 : 실천하는 것은 아는 것보다 훨씬 어렵습니다.

천 : 천 번의 말보다, 한 번의 실천이 삶을 변화시킵니다.

해 : 해탈의 자유를 누리기 위해 행동명상과 지인 3박자를
    꾸준히 실천해보세요.

고맙습니다. 사랑합니다. 축복합니다. 행복하세요.

관심

소통에서
가장 필요한 것은 무엇인가?
그것은
서로에 대한 관심이다.

구체적 나눔이
시작되지 않았다 해도

관심이라는
따뜻한 에너지는
절로 소통의 도구가 된다.

QR코드를 스캔하면 행복특강 강의를
시청하실 수 있습니다.

40강 나눔 공식과 촛대 불꽃
느낌을 나누어 소통의 달인 되기

지난 이야기

지난 시간에는 행동명상을 해보았습니다.

하고 싶은 것, 해야 할 것을 속에 담아 고여 썩게 하지 말고 밖으로 드러내어서 풀어낸다면 삶이 훨씬 가벼워지겠지요. 남을 해치거나 피해 주는 것이 아니라면 하고 싶은 생각이 드는 것을, 뭉쳐있던 것을 행동으로 풀어내는 적극적인 삶이 되시면 좋겠습니다.

나눔 공식과 촛대 불꽃

이 시간 공부주제는 나눔 공식과 촛대 불꽃입니다.

나눔이란 서로 사이의 교류입니다. 이 나눔 공식에 관심이 가시지요? 우선 나눔에 대해 먼저 생각해 보겠습니다.

사람들이 만났다 하면 그냥 서로 뻔히 바라보아야 할까요? 물론 소통을 해야겠지요. 교류를 해야 하는 것입니다. 나눈다, 교류한다, 소통한다. 다 같은 개념입니다. 그러면 왜 나누고 소통을 해야 할까요? 본래 너와 나는 하나입니다. 우주는 그냥 하나인 것이지요.

그런데 그 하나가 서로 떨어져 있으니 하나로 돌아가려는 경향을 보이게 되는 것입니다. 본래는 이미 하나이기 때문에 당연히 위에서도 하나가 되려고 하는 것입니다.

첫째는 관심이다

그러면 어찌해야 하나가 될까요? 우선 서로를 알아야 합니다. 아는 것이 하나 됨이요. 소통입니다. 그래서 나눔을 어떻게 할 것이냐를 묻게 되었고, 묻다가 답을 찾았더니 공식이 하나 만들어졌습니다. 그 답이 바로 '나눔 공식'입니다.

나눔 공식이라고 하면 유별나게 생각할 수도 있겠지만, 사실은 대단히 당연하고 상식적인 것입니다. 생각해보십시오.

예를 들어 서로 소통한다고 할 때, 첫 번째로 필요한 것이 관심입니다.

남편은 아내에게 아내는 남편에게 서로 관심을 기울여야 합니다. 관심을 가져야 나눌 것이 생기는 것이지요. 관심이 있어야 그 위에 무엇인가가 이루어지는 것입니다. 관심의 다른 이름은 사랑이니, 사랑은 관심의 부분집합이라고 할 수 있습니다. 관심이라는 것은, 그만큼 크고 폭넓은 개념인 것이지요.

표현하고 받아주기

그러면 관심을 가지고 그다음에 무엇을 해야 되겠습니까? 그렇습니다. 서로 자기 마음을 열어서 상대방에게 그 마음을 보여주는 표현을 해야 합니다.

부부간이라고 하면, 아내는 남편에게 남편은 아내에게 서로 표현을 하는 것입니다. 그렇게 표현해 주면 남편은 '아, 내 아내 속에 이런 마음이 있었구나'하고, 아내는 '내 남편 속에 그런 마음이 있었구나' 하고 서로 알고 이해하고 소통이 되는 것입니다.

그다음에 또 필요한 것은 무엇이겠습니까? 상상을 해보십시오.

관심을 갖고 표현을 했습니다. 상대방이 그것을 들었습니다. 그다음에 필요한 것이 무엇일까요? 한 쪽이 표현을 했다 하면 한쪽은 받아주어야 합니다.

그러니까 처음엔 서로 표현하는 것이 중요하고, 표현된 후에는 서로 받아주어야 한다는 말입니다. 이렇게 서로 표현하고 받아주면 소통이 이루어지는 것입니다. 그래서 관심의 지평 위에 표현하고 받아주는 것, 이것이 나눔 공식 전부입니다.

관심의 지평 위에 감지 표현, 공감 반응

그런데 이 나눔 공식에서 표현을 하려면, 그 이전에 자기 마음을 알아야 합니다. 자기 마음을 자기가 감지해야 된다는 것입니다. 먼저 내 속에 무엇이 있는가를 감지해서 그것을 표현해야 합니다. 그래서 이 과정을 '감지 표현'이라고 합니다. 그리고 받아준다고 했습니다.

예를 들어 '네 말 잘 들었어.'라고 받아주는 표현을 하기 전에 선행되어야 할 것이 있습니다. 상대방 마음속에 들어가서 '그 마음을 이해하는, 공감 반응을 한다.' 입니다. 이 공식은 어느 일방에게만 해당하는 것이 아닙니다. 쌍방이 서로서로 상대방을 향해서 관심의 지평 위에 감지 표현, 공감 반응을 해주는 것입니다. 이쪽에서도 감지 표현, 공감 반응하고, 저쪽에서도 감지 표현, 공감 반응하는 것입니다.

여러분들이 나눔 공식을 잘 이해하고 그 공식에 맞추어서 한번 소통하고 두 번 소통해보십시오. 그렇게 소통하다 보면 처음에는 공식이 딱딱하고 불안하게 느껴질지 모르나, 그것이 익숙해지면 굉장한 기적들을 가져올 것입니다.

인간관계는 어떠해야 합니까? 소통해야 하겠지요? 그런데 그냥 "어디 한 번 소통들 해보세요." 하면 그것이 되지 않습니다. 그래서 전문가가 소통 공식까지 만들어서 권하는 것입니다.

앞으로 여러분들의 만남의 자리가, 관심의 지평 위에 감지 표현, 공감 반응하는 나눔 공식에 상응하기를 바랍니다. 그리하여 여러분들이 계신 곳마다 진정 행복과 평화가 가득하기를 빕니다.

표현하는 방법

관심의 지평 위에 감지 표현, 공감 반응하는 나눔 공식을 제대로 표현하는 방법이 바로, 두 번째로 이야기 나눌 주제인 촛대와 불꽃입니다.

이것은, 사람 사이의 소통과 관련된 '표현'하는 방법에 대한 이야기입니다.

인간관계가 맺어졌다 하면 서로 떨어져 있는 것이 좋겠습니까? 하나로 통합되고, 화합되는 것이 좋겠습니까? 물론 후자입니다.

그러기 위해서는 소통을 해야 합니다. 만나야 하고 나누어야 합니다. 교류를 해야 하는 것입니다. 이때 필요한 도구가 무엇이냐 하면 바로 표현입니다. 각자가 자기의 마음을 상대방에게 표현하는 것입니다. 이것이 일차적인 길입니다.

"인간관계 소통을 원한다면 표현들을 하세요." 하고 말하면, 여러분들은 "예, 표현하겠습니다." 합니다.

그런데 표현을 잘하는가 살펴보면 그 표현의 적절성이 떨어지는 경우가 있습니다. 표현의 적절성을 높이기 위한 단계적인 방법들이 있습니다.

그중에서 아주 기초적이면서도 중대한 것, 1단계이면서 그와 동시에 백 단계가 될 수 있는 것이 있는데, 그것이 바로 '촛대-불꽃'이라는 개념입니다. 표현 방법은 수없이 있겠지만 그중에서도 '촛대-불꽃' 형식으로 표현하라고 권하는 것입니다.

이분법적 표현, 촛대와 불꽃

촛대-불꽃이란, 무슨 말일까요? 촛대가 있고, 그 초에 불을 붙여 놓으면 불꽃이 환하게 피어납니다.

우리 인간들이 상대방에게 마음을 표현할 때는 이분법으로도 표현할 수 있고, 삼분법 내지는 백분법으로도 표현할 수 있습니다.

그렇지만 복잡한 것은 빼버리고 삼분법도 빼버리고 그냥 이분법부터 하면 됩니다. 이분법만 알고 이 이분법으로만 효과적으로 표현하더라도 아주 좋다는 것입니다.

그럼 이분법을 예를 들어 이야기해보겠습니다.

여러분이 상장을 받으면 어떻겠습니까? 기쁘겠지요. 그러면 상장받아서 기쁜 사람은, "상장받아서 기뻐요."라고 마음 표현을 하면 되는 겁니다. "상장받아서 기뻐요." 하는 말에서 상장을 받았다고 하는 것은, 촛대에 해당하고 기쁨이라는 감정(느낌)은 불꽃에 해당되는 것입니다. 촛대와 불꽃은 조건과 결과의 관계가 되는 것이지요.

초등학교 때는 "상장받고 기뻐요."하는 식의 표현을 아주 잘합니다.

그런데 중학생만 되어도 기뻐요는 사라지고 "나 상장받았어요."라고만 합니다. 기쁘다는 감정 표현을 빼버린 것입니다. 고등학생, 대학생이 되었다 하면 더 빼고, 이제 대학 졸업하고 어른이 되어 사회생활을 하고 직장생활을 한다고 하면 감정은 싹 빼서 없애버리고는 그냥 몸통, 촛대만 가지고 이야기합니다.

매일 정보, 생각, 의견만 이야기하는 것입니다. 가슴을 표현하지 않는 이런 표현법들이 이 세상을 삭막하게 만들어 버립니다. 안타깝기 그지없는 일입니다.

감정을 표현한다는 것은,

한번 생각해 보세요. 여러분이 자녀들에게 칭찬을 해주었습니다. 그러면 자녀들이 "아빠가 칭찬해주니까 기뻐."이렇게 '기뻐'라는 표현을 해주는 것이 좋겠어요? 아무 감정 표현이 없는 것이 좋겠습니까?

감정을 표현해 준다는 것, 이것은 대단히 중요합니다.

어떤 사람이 애인에게 진주목걸이를 사주었는데, "아, 진주 목걸이네!"

하면서 기쁘다든지 무엇인가 표현을 해주면 좋겠는데 아무 반응이 없더랍니다. 이렇게 감정이 없는 여자를 끝내 내 사람으로 할 것인가? 말 것인가? 하고 고민이 많이 되었다고 합니다.

그러나 마음에 드는 구석도 있으니, 한 번 더 밍크코트를 사주었지요. 그런데 또 아무 표현도, 감동도 없더랍니다. 이 사람들 어떻게 되었을까요? 그 뒷이야기는 상상에 맡기겠습니다.

사람은 자기 속에 일어난 감정을 잘 표현해야 합니다. 방법은 감정의 조건이 되는 촛대와 피어나는 감정을 불꽃으로 함께 표현하는 것입니다.

어린아이처럼 표현하기

초등학교 학생들이 일기 쓰듯이 표현하는 것입니다. 초등생들이 어떻게 일기를 쓰지요?

'선생님한테 꾸지람 듣고 슬펐다.' '엄마가 용돈을 줘서 기쁘다.' '친구가 예쁘다고 해서 기분이 좋았다.' 이런 식으로 전부 촛대-불꽃, 촛대-불꽃 형식으로 쓰는데, 나이가 들어가면서 불꽃은 잊어버리고 촛대만 남아버립니다. 어른들이 초등생이 되어서 촛대 불꽃 형식의 글을 써보는 것을 사회운동으로 채택해야 합니다.

인간관계에서 소통을 어떻게 할 것이냐에 대한 답은 물론 다양합니다.

그런데 먼저 표현단계가 중요하니 초등학생이 되어서 자신에게 일어난 느낌들을 촛대-불꽃 형식으로 표현하는 겁니다.

우리가 여기에서 유념해야 할 아주 중요한 점이 있습니다. 인간 속에서 표현될 수 있는 요소는 다양하게 나눌 수도 있지만, 간단히 말하면 생각과 느낌뿐이라는 것입니다.

생각은 정보와 의견입니다. 정보와 의견은 머리 쪽이고 느낌은 가슴 쪽이지요. 그래서 가슴과 머리, 머리와 가슴이 어우러진 표현을 하자 하는 것입니다.

그런데 여기서 주의할 것은 불꽃에 방점을 찍는다는 것입니다. 그리고 정보나 의견, 촛대에 해당하는 것은 가능한 한 짧게 해야 합니다. 조그마한 기쁨 하나를 표현하려고 너무 긴 이야기를 하면 듣지 않아서 효과가 반감됩니다.

그래서 표현은 명료, 간단, 적절해야 하고, 명료, 간단, 적절하게 표현하되, 표현의 내용물은 촛대-불꽃이 되게 하는 것입니다.

표현의 부재는 실체의 부재다

표현의 부재는 실체의 부재입니다. 정서와 느낌을 빼버린 표현은 소통에 그다지 도움이 되지 않습니다.

지금은 먼 곳으로 떠나신 수련생 한 분의 이야기입니다.

그분은 여고를 졸업하고 떠들썩한 수재이며, 정부 조직에서도 최고 고위직에 있는 사람을 남편으로 맞이하였습니다.

세상의 넘치는 축하를 받으면 결혼해서 함께 사는데 이 여성은 결혼 후 점점 미소를 잃어버리게 됩니다. 남편은 집에 들어오면 말이 없고 가끔 하는 말은 정보나 의견만 표현합니다. "애들은? 밥 먹자, 자자."

사는 게 너무나 삭막해서 부인은 웃음을 잃어버린 것입니다. 평생 아내에게 사랑한다는 말을 한마디도 하지 않더니, 죽기 직전에 병원 침대에 누워 힘없는 손짓으로 아내를 부르더랍니다. 가서 귀를 대고 들으니, 들릴 듯 말 듯 한 소리로 "여보, 나 당신 사랑했어." 하더라는 것입니다.

부인은 화장실에 들어가 엉엉 울었습니다. "그 말을 진작에 쪼개서 해주지, 쪼개서 해주지." 사랑한다는 말을 죽기 직전에 딱 한 번 한다는 것, 얼마나 멍청한 일입니까? 우리는 인간관계에서 좋은 감정을 자주 표현하고, 불꽃으로 소통을 해야 좋아지고 정이 듭니다.

"당신이 있어 행복해요." "당신이 있어 살맛이 나요." "아들아 너 때문에 힘이 난다. 사랑한다." "이쁜 딸아, 잘했다. 응원한다. 사랑해." 이런 표현을 하게 되면 인간관계는 절로 소통되고 좋아집니다.

오늘은 '표현해' 3행시로 마치겠습니다

표 : 표현은 촛대와 불꽃으로 해야 서로의 소통에 활기가 넘치고,
현 : 현재 함께하는 사람들과 진정한 사랑과 행복을 나눌 수
     있습니다.
해 : 해보세요. 걸림 없는, 행복의 삶이 기다리고 있습니다.

고맙습니다. 사랑합니다. 축복합니다. 행복하세요.

의식의 전개 과정

의식이란 마음을 말합니다.

우리의 마음이
어떻게 전개되는가를 살펴보는 것이
'의식의 전개 과정'입니다.

우리의 의식은
옴- 나- 지- 사- 눔으로 전개됩니다.

옴은 마음이 일체의 것에 대해
움직이기 이전의 상태인 옴

나는 이름을 붙이지 않은
~~구나 상태의 나

지는 다른 것들이 있기 때문에
저러하겠지의 지

사는 대상을 긍정적으로 보는
감사의 사

눔은 상생적으로 나눈다는
나눔의 눔

이것이
최고 인품자들의
의식 전개 과정입니다.

41강 의식의 전개 과정
내 의식 관찰하기

지난 이야기

지난 시간에는 '나눔 공식과 촛대 불꽃'에 대하여 이야기 나누었습니다. 서로 교류와 소통을 잘하려면 우선 무엇이 필요하지요? 상대에 대한 관심이 필요합니다. 사람에게나 사물에나 관심을 가져주어야 서로 교류와 소통을 할 수가 있습니다. 관심은 일단 나에게 먼저 가져야 합니다. 내 마음이 어떤지 무슨 생각을 하는지 감지하고 표현을 해야 합니다.

그리고 상대의 표현을 들으면 가만히 있어야 할까요? 공감하고 반응을 해야겠지요. 이렇게 표현을 할 때는 '촛대와 불꽃'으로 합니다.

"잘했다고 칭찬해주니 기분이 좋아요." 때론 "그렇게 화를 내시니, 당황스럽고 말문이 막힙니다. 부드럽게 말해주세요." 할 수도 있겠지요.

관심의 지평 위에 감지 표현, 공감 반응할 줄 아는 소통의 달인이 되시기 바랍니다.

의식의 전개 과정

이 시간 공부주제는 의식의 전개 과정입니다.

의식이란, 그냥 마음이라고 할 수 있습니다. 의식의 전개 과정이란, '이 마음이 고정되어 있지 않고 단계를 바꾸어 가면서 전개되어 간다.'는 뜻이 담겨있습니다.

평소 자기 자신의 마음, 의식에 대해서 잘 관찰해보았다고 한다면 오늘 이 강의를 들으시면서 '아이고, 어쩌면 내가 평소에 문득문득 생각했던 이야기를 해주는구나!' 하실 것입니다.

그것을 의식하든 안 하든 우리들의 의식은 전개 과정이 있습니다.

그 전개 과정 단락 단락을 우리가 주시할 수 있고, 관찰할 수 있다고 하면, 그 전개 과정 하나하나를 조정할 수 있게 되는 것입니다.

그런데 의식에 대해 관심을 갖지 않는다면, 우리들은 그냥 습관적 의식회로를 밟아가면서 살게 됩니다. 습관화된 삶이라고 하는 것은 대단히 위험합니다. 다행히 성자(聖者)의 차원으로 습관이 되어 있다면 괜찮습니다.

그런데 거의 대부분의 사람은 그 의식이 낮은 차원으로 패턴화되어 있습니다. 그래서 우리의 의식을 더욱 높은 차원으로 끌어올리기 위해서 의식을 관찰해보자 하는 것입니다.

의식의 5단계

의식을 관찰해보면 다섯 단계 정도로 정리할 수 있습니다. 다섯 단계로 정의가 되었다 하면 단계마다 그 의식을 어떻게 해서 보다 더 업그레이드시킬 것인가 하는 것에 접근해 갈 수 있게 됩니다.

그 다섯 가지를 '옴-나-지-사-눔'이라고 이름을 붙여 놓았습니다.

'옴'은 그냥 옴이요, '나'는 구나의 나이고, '지'는 겠지의 지입니다, '사'는 감사의 사이고, '눔'은 나눔의 눔입니다.

의식의 1단계, 옴

그러면 '옴'부터 생각해보겠습니다.

옴이라는 의식 상태는 '의식이 전개되기 이전이라고 해도 좋을 만한 의식의 첫 단계'를 말합니다. 이 옴이라는 의식 상태는 여러분들의 의식이 무엇인가를 객체화하지 않고 그대로, 그냥 의식 자체로 있는 것입니다. 의식이라고 하는 것은 계속 대상을 끌어오게 되어 있습니다.

그런데 대상을 끌어오는 이 작업을 딱 멈추어버리게 되면 의식 자체로 있을 수 있다는 말입니다. 그래서 여러분들이 옴이라고 하는 의식상태를 견지할 수 있습니다.

의식 자체를 그냥 견지할 수 있게 되면, 이 세상에 태어나서 가장 궁극적으로 해야 할 일을 했다고 볼 수 있습니다.

'옴'이란, 나의 마음이 일체의 것에 대해 꿈틀대기 이전의 상태입니다.

의식의 2단계, 구나

그다음 의식이 드디어 꿈틀대면서 전개되기 시작합니다.

전개 1번은 의식이 무언가 객체를 끌어오는 것입니다. 눈에 무엇이 비쳐오게 되고, 귀에 소리가 들려오게 됩니다.

그러나 그때 정신을 잘 차리고 보면 카메라가 앞에 딱 보일 때 '카메라'라고 이름 붙이기 이전의 순수 감각 상태가 있게 됩니다.

순수 감각 상태로 머물러 있으면서 개념을 붙이는 다음 단계로 건너가지 않는다는 것입니다. 이때의 의식상태가 '구나'입니다. 의식이 드디어 꿈틀대면서 대상을 받아들이되, 받아들이는 그 대상에 대해서 이름을 붙이지 않는다는 것입니다.

그 상태는 무심한 상태이고, 여여(如如)한 상태입니다. 그것이 '구나'입니다. 우리의 의식은 처음에 '옴'으로 있다가 '구나'로 전개됩니다.

의식의 3단계, 겠지

구나에서는 카메라가 그 이름이 붙여지기 이전의 그 무엇으로 감각이 되었는데, 다음 단계는 카메라라는 이름이 붙여지게 됩니다. 그 이름이 붙여지게 되었다면 이제 지적(知的)인 작업이 시작되는 것입니다. 다시 말해서 대상을 존재론적으로 살펴보는 과정입니다.

존재론적으로 살펴보다는 것은, 종으로, 횡으로, 시간적으로, 공간적으로, 연기적으로 살펴보는 것입니다. '앞에 있는 것이 있었기 때문에 지금의 것이 있고, 지금의 것이 있기 때문에 뒤에 있는 것이 있게 된다.' 하는 것이 시간적인 연기입니다.

또 공간적인 연기는, 저것이 있기 때문에 내가 있을 수 있다는 것입니다. 거울 앞에 내가 서 있으니까 거울 안에 나의 모습이 동시에 비치는 것입니다. 거울 앞에 아무도 없는데 거울 안에 사람이 서 있을 수는 없습니다.

이처럼 존재하는 모든 것들은 주변의 다른 것들과 관계 맺음을 통해서만 존재하는 것입니다. 이것이 연기(緣起)입니다. 바로 어떤 것이 존재할 때는, 다른 것들이 있기 때문에 그것이 존재한다고 보셔야 합니다.

저것이 저러할 때는 다른 것들이 있기 때문에 저러하겠지, 이해하고 들어가야 합니다. 그것이 '겠지'단계이고 연기입니다.

그래서 여러분들이 조용하게 옴이나 구나로 있다가, 세상으로 나가면서 지적인 작업을 하게 되는데, 그 지적인 작업이란 연기로 살피는 것입니다. 연기로 살피게 되면 묵직하던 마음이 풀리게 됩니다.

저 사람이 내 따귀를 때렸다고 할 때, 따귀를 때렸다는 그 부분만 생각하고 있게 되면 내가 화가 나고 괴롭습니다.

그럴 때 연기를 살피는 것입니다. '따귀를 때렸을 때는 이만저만 한 이유들이 있었겠지.' 하며 연기를 살피면, 따귀 맞은 것에만 초점을 맞추고 있어 억울하던 마음이 해소되어집니다. 그것이 '겠지'입니다.

의식의 4단계, 감사

일체의 일어난 일을 연기적으로 살피는 것이 기본입니다. 그리고 그다음 단계로 전개해 갑니다.

이 단계에서는 존재론적으로 보이던 것이, 그것의 가치가 평가되며 가치론적으로 보이게 됩니다. 그 대상을 가치로 환산해서 밉다 곱다, 옳다 그르다, 선이다 악이다, 싸다 비싸다 하면서 이분법으로 나누어서 보게 됩니다.

그런데 가치 평가를 하게 되면 중대한 갈림길에 서게 됩니다. 틀림없이 긍정적으로 보거나, 부정적으로 보게 됩니다.

그런데 불행한 사람일수록 부정적으로 봅니다. 부정적으로 보면서 인상을 찡그리고, 사람들과 조금만 부딪치게 되면 싸움을 일으킬 확률이 높아집니다.

그런데 대상을 긍정적으로 보는 것이 깊고 넓어지게 되면, '아, 좋다, 좋다.' 하게 됩니다. 그래서 여러분들의 의식이 가치론적으로 전개되어 긍정과 부정의 갈림길에 서게 되었을 때는, 부정의 늪에 빠지지 말고 긍정으로 조정하라는 말입니다.

이런 긍정적인 조정 과정을 '감사'라고 합니다. 좋은 마음을 일으키면 자연히 감사하게 되는 것이지요.

의식의 5단계, 나눔

그다음에는 이제 관조만 하는 것에서 끝나지 않고 교류를 하게 됩니다. 구체적인 인간관계, 구체적인 자연과 나와의 관계가 맺어지게 되는 것입니다. 그것을 '나눔'이라고 합니다. 나눔이 있기 때문에 서로 얽혀들면서 긍정적인 일도 일어나고 아픔도 일어나는 것입니다.

그러나 나눔 수준이 높아지게 되면 어떤 관계를 맺더라도 좋습니다.

관계를 맺어서 나눔이 되었다 하면 꼭 유념해야 할 것이 하나 있습니다. 그것은 상생(相生)적인 관계가 되라 하는 것입니다. 윈-윈(win-win)이라는 말도 있는데 상생이라는 말이 참 좋습니다. 서로 상생적으로 나눈다면 최상의 나눔이 되는 것이지요.

의식의 5단계 수준 높이기

우리는 '옴-나-지-사-눔'이라고 하는 의식 전개 과정을 밟으면서 살게 되어 있습니다. 여기에서 하나의 계명이 있다고 했습니다.

그것은 '옴'의 수준을 높이고, '구나'의 수준을 높이고, '겠지'의 수준을 높이고, '감사'의 수준을 높이고, 또 '나눔'의 수준을 높이라고 하는 것입니다.

'옴-나-지-사-눔'이라는 단계적인 전개 선상에 있으면 그 각각이 업그레이드를 요청하고 있다는 것을 아셔야 됩니다.

'옴-나-지-사-눔'이라고 하는 의식의 전개 과정이 삶 속에 살아 움직이는 말로 드러나서, 보다 행복하고 가정과 소속 공동체가 두루 평화로워지시기를 빕니다.

'칸트' 이야기를 나눠보겠습니다.

철학자인 임마누엘 칸트는 무엇이든지 깊이 생각하고 천천히 결정하는 매우 냉철한 사람이었습니다.

칸트는 평소 친하게 지내던 여인으로부터 계속 청혼을 받았으나 답변을 하지 않고 있었습니다. 답답했던 여인이 드디어 칸트에게 다가와 결혼 여부를 분명히 말하라고 다그쳤습니다.

칸트는 또 "생각해보겠습니다."라고 말한 뒤 도서관에 가서 결혼에 관한 책들을 읽었습니다. 결혼에 대해 찬성하는 의견과 반대하는 의견을 모아 연구하며 결혼을 해야 좋을지 안 해야 좋을지를 분석을 시작했습니다.

그리고 드디어 분석을 끝내고 여인의 집을 찾아가 그녀의 아버지에게 "당신의 따님과 결혼하기로 결정했습니다."라고 했습니다.

그러자 그녀의 아버지는 "여보게, 너무 늦었네. 내 딸은 벌써 결혼해서 두 아이의 엄마가 되었다네."

어떤 일이든 너무 오래 심사숙고하는 것보다는, 실천하면서 고쳐나가야 합니다. 칸트 같은 일은 생기지 않아야겠지요.

오늘은 '옴-나-지-사-눔' 5행시로 마치겠습니다.

옴 : 옴은 의식이 무엇인가를 객체화하지 않고, 그냥 의식자체로
　　　있는 것, 마음이 일체의 것에 반응하기 이전의 상태입니다.

나 : 나는 '구나'의 '나'로, 의식이 대상을 받아들이되, 대상에
　　　대해서 이름을 붙이지 않은, 무심한 상태, 여여한 상태입니다.

지 : 지는 '겠지'의 '지'로, 이름을 붙여 대상을 존재론적으로
　　　살펴보는 과정입니다. 저것이 저러할 때는 다른 것들의
　　　영향으로 '저러 하겠지.'를 깨닫는 것입니다.

사 : 사는 '감사'의 '사' 로 이왕 대상을 가치로 평가하고 볼 바에는,
　　　부정을 떠나 긍정적으로 보아 '감사'하는 것이지요.

눔 : 눔은 나눔의 '눔'입니다. 어차피 서로 교류와 나눔의 관계를
　　　맺는다면, 상생하는 최상의 나눔이 되어 너도나도 행복하게
　　　살자는 것이지요.

'옴 나 지 사 눔'의 의식으로 서로 상생하는 멋진 삶이 되시길 바랍니다.

고맙습니다. 사랑합니다. 축복합니다. 행복하세요.

먼저 깨닫고 뒤에 닦는다

사람은
세세생생 '나 있음'으로 살아왔다.
그런데 그 '나'가
고통과 전쟁의 원흉이라면
어떻게 할 것인가?

그것에서 벗어나야 한다.
벗어나는 길은
선오후수(先悟後修)이다.

먼저
자아(自我)라고 할 만한 것이
본래 없다는 것을 깨닫고(선오(先悟))
깨달은 그것을
반복관행(후수(後修))하여
몸에 익힌다.
중요한 것은 반복관행이다.

일시적인 무아(無我)의 깨달음으로
억만 겁 동안 길들여온
자아습(自我習)이 사라지겠는가?

역시 반복관행이다.
'반복이 천재를 낳는다.'

-용타-

무한의식 경험하기

지난 이야기

지난 시간에는 의식의 전개 과정에 대한 이야기를 나누었습니다.

순수 의식상태인 '옴'에서, 대상에 대해 이름을 붙이지 않은 순수의식상 태인 '구나'의 '나', 그리고 이것이 있으므로 저것이 있고, 이것이 없다면 저것도 없다는 연결과 연기(緣起)의 넉넉한 마음인 겠지의 '지', 그리고 이왕에 가치 평가를 할 바에는 부정보다는 긍정으로 매사에 감사하자는 '사', 이 좋은 세상을 살아가며 서로 교류를 하고 살 때는, 서로를 살리고 서로 행복한 상생의 나눔을 하며 살자는 나눔의 '눔', 그리하여 '옴나지사 눔'이 되었습니다.

'옴나지사눔'의 의식이 활구(活句)가 되어, 모두의 삶이 좀 더 평화롭고 행복하기를 빕니다.

의식의 무한성

이 시간 공부할 주제는 '의식의 무한성'입니다.

'의식의 무한성'이라고 하면 감동되시지요. '아, 내가 무한한 존재로구 나!' 의식은 마음이고, 의식의 무한성이라고 하면 '그 마음이 무한하다.' 라는 것입니다.

사실 인생이라고 하는 것은, '내 의식 과정을 통해 행복 해탈을 지향해 가는 경로'라고 생각하시면 됩니다. 마음속에서 움직이는 모든 것들이 다 의식의 과정이지요.

인생이란, 이 의식 과정이 'A모드'로 흐른다고 하면, A모드에 상응하는 느낌으로 살게 되고, B모드로 흐른다고 하면 'B모드'에 상응하는 느낌으로 살게 됩니다.

그런데 이 의식을 '무한모드'로도 전환할 수도 있으니 그렇게 해보자는 것입니다. 그럼 무한 모드로 전환을 하게 되면 어떻겠습니까? 당연히 행복감이 무한이 되겠지요.

그런 생각을 하니, 떠오르는 생각은 무엇입니까? '아, 그럼 어떻게 내 의식 과정을 무한모드로 전환할 수 있을까?' 궁금하시지요? 다시 말하면 의식의 무한성에 한 번 도전해보자는 것입니다.

의식에 대한 3가지 생각

먼저 의식에 대해 간단히 정리를 해보겠습니다.

의식이라는 말은, 그냥 우리들이 평소에 생각하는 마음입니다. 정신이나 혼이라고 해도 좋습니다. 사실은 의식이라는 것을 조금 뜯어보면, 자신에 대한 자존감이 쑥쑥 올라가게 됩니다. 의식에 대해서, 마음에 대해서 관심을 기울일수록 그 의식은 한없이 경이롭고 신비롭기 때문이지요.

'야, 이 우주라는 흙덩이 속에서 도대체 어떻게 인간이 생기고, 의식이란 것이 생겼을까?' '나라는 존재는 어떻게 해서 이곳에 오게 된 것일까?' 이렇게 궁금해하고 궁금해 하다 보면 한없는 신비감 속에 존재함의 기적, 생명의 기적을 생각지 않을 수가 없습니다.

이 의식을 곰곰이 뜯어보면 세 가지 정도로도 말할 수가 있습니다. '아, 이 의식은 마치 점과 같구나!'라고 생각할 수가 있습니다.

또 이 의식을 가만히 느끼면 어떤 '공간과도 같구나!' 하게도 됩니다. 이 의식은 꾸준히 '살아 움직이고 있구나!'를 감지할 수 있습니다. 그래서 우리가 이 '의식의 무한성'을 논하게 되는 것이지요.

의식의 무한성에 대한 관심

이 의식의 무한성에 대해 관심이 생기셨나요? '아, 정말 의식의 무한성을 한번 경험해봤으면.' 하는 생각이 드시나요?

하고 싶어야 다음에 방법론이 나와서 실천할 수 있게 됩니다. 우리가 무엇인가를 할 때, 주체적인 기능을 하고 있는 우리의 의식을 잘 관찰해보면 "나는 영원히, 무한행복, 해탈, 자유를 누리고 싶소!" 하고 절규하고 있습니다.

그런데 우리가 게을러서 이 혼의 절규를 외면하고 책임 유기를 하고 있는 것이지요. 중요하고 근본적인 행복 해탈의 길은 무심히 팽개처둔 채, 당장 주머니를 채워주고 즐거움과 이익을 주는 것에만 관심을 두게 되는 것입니다.

이처럼 우리가 의식의 무한성에 대해 관심을 가져야 하는 이유는, 우리의 의식과 혼은 무한 해탈, 무한 행복, 완벽히 열린 자유를 간절히 원하고 있기 때문입니다. 우리들은 그 원(願)에 부응해야 합니다. 내 혼과 마음에서 울리는 소리를 외면해서는 안 되는 것이지요.

의식의 무한성을 경험하기 위한 방법 1

그러면 어떻게 무한 의식, 의식의 무한성을 경험할 수 있을까요? 굉장히 어려울 것 같지요. 사실은 아주 쉽습니다. 지금 말씀드리는 방법을 반복하다 보면, 누구나 의식의 무한성을 경험할 수 있습니다. 그럼 이제 방법론으로 들어가보겠습니다.

우선 의식의 무한성을 경험하기 위해서는, 조금 번거로운 일들은 제쳐놓습니다. 움직이는 것보다는 한군데 가만히 앉아 잠들지 않는 가장 편안한 자세를 취해 봅니다.

그리고 다음의 세 가지를 하는 것입니다.

우선 숨을 쉬는 것입니다. 숨을 쉬되, 평소의 숨보다는 조금 더 심(深), 장(長). 세(細), 균(均)하게 쉽니다. 숨을 조금 더 깊게, 길게, 가늘게, 균등하게 쉬는 것입니다. 숨을 지어내는 것이 아니라, 숨 쉬는 것에만 집중하라는 것입니다.

우리가 살아있다는 것은 알고 보면 숨을 쉬고 있기 때문임에 눈을 뜨는 것이지요. 이제 마음을 편안히 가다듬고 오로지 지금 들어오고 나가는 숨과 몸에서 일어나는 현상에 집중하고 몰입하며 고요히 명상을 합니다.

의식의 무한성을 경험하기 위한 방법 2

다음은 호흡을 하면서 심신의 느낌을 그대로 느껴줍니다.

머리에 열이 있으면 그 열을 느껴주고, 어딘가가 안 좋은 듯하면 그곳의 상태를 세심하게 느껴봅니다. 그렇게 느껴주다 보면 신기하게도 마음은 허공처럼 비워지고, 안 좋은 느낌도 허공으로 사라지는 경험을 하게 됩니다.

이렇듯 몸과 마음의 느낌을 고요히 느낀다는 것은 매우 중요한 일입니다. 현재 나의 의식이, 몸과 마음 상태에 깨어있는 것이기 때문이지요. 우리의 삶은 사실 알고 보면 현재밖에 없습니다. 현재의 상태에 깨어있다 보면 마음으로 인하여 생긴 병들은 어느 정도의 치유가 일어나게 됩니다.

이렇게 그대로 느껴주는 것을 '수관(受觀)'이라고 합니다.

의식의 무한성을 경험하기 위한 방법 3

끝으로 심리적인 작업을 하나 더 해야 합니다.

이 세상은 본래 텅 비어 있음을 깨닫는 것입니다. 본래 세상은 텅 비어 있는데 우리들은 보이는 것이 실체인 양 착각하고 있다는 것을 아는 것이지요. 보이는 것이 그것의 모든 실체인 듯 착각하는, 거친 눈으로 보기 때문에 산하대지가 있는 것처럼 보이는 것입니다.

우리들이 전자현미경과 같은 정밀한 도구를 통해서, 저 산과 바다와 모든 존재하는 것들을 본다고 상상해 보십시오.

그러면 존재하는 모든 것들이 어떻게 보이겠습니까? 입자 내지 소립자로 보이게 됩니다. 소립자(素粒子)는 사실상 존재하지 않는 것입니다.

실제로 소립자(素粒子)는 파동(波動:에너지)과 제자리에서 교호(交互)합니다. 소립자(素粒子)가 파동과 교호한다는 것은 입자가 완전 에너지로, 없음으로, 거의 순수 무(無)와 같은 상태로 돌아가 버린다는 말입니다. 있더라도 소립자(素粒子)입니다.

소립자(素粒子)라는 것은 도저히 있다고 할 수 없는 정도로 미세한 공기보다도 훨씬 작은 것입니다. 공기도 없는 것처럼 느껴지는데, 하물며 소립자(素粒子)는 어떻겠습니까? 그래서 본래 비었다고 하는 것을 받아들이는 것입니다.

심장 세균 호흡으로 심신을 수관하면서 안팎으로 나도 없고, 세상도 없다 하고 방하(放下)하는 것, 놓아버리는 것입니다. 나도 놓아버리고 세상도, 우주도 모두 놓아버리십시오.

왜 놓아버릴까요? 놓아버릴 필요도 없이 본래 없는 것이기 때문이지요. 본래 없다고 하는 것을 수긍하면서 그냥 있는 것입니다.

1분 정도만 해보겠습니다.

몸을 반듯하게 펴고 편안한 자세로 앉습니다. 입을 가볍게 다물고 입천장에 혀끝을 살짝 대고 눈을 감아보세요. 숨은 약간 깊게 길게 가늘게 균등하게 쉽니다. 그리고 몸에서 일어나는 느낌을 관찰하면서 숨을 쉽니다.

숨을 들이쉬면서 '나없다,' 숨을 내쉬면서 '세상없다.' 해봅니다. '나 없다, 세상 없다.'를 10번을 해봅니다. 그리고 다시 집중하여 10번, 이렇게 하면서 점점 늘려 가다 보면 '없음의 이치'가 조금씩 보이기 시작합니다.

의식의 무한성 느끼고 감지

그렇게 시간이 흘러, 숨이 딱 끊기는 느낌이 듭니다. 숨이 딱 끊기면서 무한 우주가 완전히 텅 빈 상태로, 내 의식이 무한히 열린 상태로 느껴집니다. 이때 의식의 무한성을 감지하게 되는 것이지요.

그렇게 한 번 감지했다 하면, 점점 의식의 무한성을 감지하는 것이 쉬워집니다.

'인내란, 지금 어렵다고 생각되는 것을 쉬워질 때까지 꾸준히 하는 것이다.' 쉬워질 때까지 꾸준히 해보십시오. 그것만이 진리를 깨닫는 지름길입니다.

'아, 우주가 확실히 텅 비어있구나. 내 의식이 온전히 텅 비어버리는구나. 텅 빈 그 의식이야말로 나의 본래 자성(自性)이로구나!' 하는 것이 수긍되며, 본래 걸림 없는 자유로움을 맛보게 될 것입니다.

우리들의 의식(意識)입니다. 무한히 열릴 수 있는 의식의 무한성이 여러분들 속에 있습니다. 그것을 잠깐씩이라도 경험해 보시기 바랍니다.

그렇게 되면, '아, 내가 무슨 복이 있어서 이 경험을 하게 되었나? 내가 안식할 곳은 끝내 이것이로구나!' 하게 되실 것입니다.

앞을 보고 한 발 내딛고 또 한 발 내딛고

한쪽 다리밖에 없어서 목발을 짚고 다니는 장애인이 북미 대륙에서 가장 높은 산인 '매킨리'에 올랐습니다. 잘 훈련된 등산가도 오르기 힘든 그 높은 산을 불편한 몸으로 올랐으니, 이것은 세상이 놀랄 기적 같은 일이었습니다.

기자들이 "어떻게 이런 어려운 일을 해낼 수가 있었습니까?" 하고 질문하니, 그의 대답은 매우 간단했습니다.

"앞을 보고 한 발 내딛고, 또 앞을 보고 한 발 내딛고, 또 앞을 보고 한 발 내딛고, 정상에 올라갈 때까지 계속 그렇게 했습니다."

의식의 무한성을 느껴보는 것도 그와 같습니다. 조용한 곳에서 편안한 자세로 앉아 수시로 명상을 해보시는 겁니다.

눈을 살포시 감고 혀는 입천장에 살짝 대고 편안히 숨이 쉬어지는 대로 따라가 봅니다. 몸의 느낌도 온전히 느껴주며, 숨이 지나가는 곳을 놓치지 않고 따라가시면 됩니다.

우리가 존재하는 것은 숨 쉬는 것으로부터입니다.

오늘은 '무한성' 3행시로 마치겠습니다.

무 : 무한성이란 우리의 의식 세계가 끝이 없음을 말하는 것입니다.
한 : 한계를 두지 않는 무한 행복 해탈을 느껴보세요.
성 : 성숙한 인품으로 거듭나셔서, 무한 행복 해탈의 자유와
　　 기쁨을 누리며 살아가시길 빕니다.

고맙습니다. 사랑합니다. 축복합니다. 행복하세요.

수행 4위

수행을 하는 데도
단계가 있다.

우선
가치관을 정립해야 한다.
수행을 왜 해야 하는지
어떻게 해야 하는지
알아야 한다.

다음은 체해탈(體解脫)
수행으로 마음이
평화롭고 자유로워진다.

용해탈(用解脫)
생활에서 걸리던 마음들이
걸리지 않게 된다.

무의식(無意識) 해탈
꿈보다 더 깊은
무의식의 차원에서도
걸림이 없다.

이 수행 4위를 거쳐
최상의 깨달음에 이르면
완전한 자유를 얻는다.

43강 수행 4위
마음공부의 단계

지난 시간에는 의식의 무한성에 대한 이야기를 나누었습니다.

의식의 무한성을 경험하기 위하여 먼저 번거로운 일은 마음에서 내려놓습니다. 그리고 조용한 곳에 가서 편안한 자세로 앉습니다. 가볍게 눈을 감고 입술은 입천장에 살짝 대어봅니다.

첫 번째는 우선 숨을 쉽니다. 숨을 쉬되 조금 더 깊게, 길게, 가늘게, 균등하게 쉽니다. 두 번째는 수관(受觀), 심신의 느낌을 그대로 느껴줍니다.

예를 들어 팔이 저리다고 하면 그 저린 팔의 느낌을 그대로 느껴줍니다. 그 느낌이 사라져 버릴 때까지, 세 번째, 이 세상은 본래 텅 비어있음을 깨달아봅니다. '나 없고, 세상없음'을 명상을 통해 확인합니다. 텅 빈 의식이야말로 나의 본래 자성(自性)임을 깨닫고, 의식의 무한성을 경험해 보는 것이지요.

수행 4위

이 시간에 다룰 공부주제는 '수행 4위'입니다. 수행 4위란 수행의 단계를 넷으로 나누어 말하는 것입니다. 수행에는 여러 단계가 있습니다. 복잡하게 나눈다면 56위로도 나눕니다.

세상의 교육제도와 비교하면 초등, 중등, 고등, 대학교 등으로 나누는 것과 같은 것이지요.

그런데 단계가 많을수록 복잡해지고, 더욱 어려워집니다. 수행을 우리들이 그렇게까지 복잡하게 하기는 어렵습니다. 그래서 동사섭에서는 그 모든 수행의 위차들을 전부 통합해서 간단하게 가치관 정립, 체해탈, 용해탈, 무의식해탈의 4단계로 나누었습니다.

이것이 수행 4위입니다.

이제 안심이 되고 호기심이 발동하시지요? 수행 4위라는 목적지를 향해 떠나보겠습니다.

가치관 정립

무엇인가 노력해서 얻으려면 단계가 필요합니다. 수행도 마찬가지입니다. 여러분들은 수행에 관심이 있으신지요? 관심이 있어야 여행을 떠날 수 있습니다. 그러나 수행에 관심이 없다고 한다면, 그것은 인품에 있어 중대한 결손사항이라 할 수 있습니다.

왜 그럴까요? 마음을 가지고 있는 사람은, 마음이 더욱더 평화롭고 행복해지도록 공부를 하는 것은 당연하기 때문이지요.

마음을 가지고 사는 사람이 마음에 대해서 관심을 가지지 않는다면, 인생을 크게 잘못 살 수도 있는 것입니다. 그래서 이 순간부터라도 우리들은 마음에 관심을 가지고, 마음이 보다 행복 해탈하고, 지고하게 되도록 관리를 해야 합니다.

우리들이 수행을 한다고 할 때, 할 일 1번은 수행에 관계되는 인문학 공부입니다. 수행에 관계되는 인문학이라고 하면 대단히 방대하게 들릴 수도 있습니다.

그런데 좁히고, 좁히고, 또 좁히게 되면 수행에 필요한 중대한 신념체계 몇 개를 딱 잡아 세우는 것입니다.

이것을 가치관이라고 합니다. 불교에서는 정견(正見)이라고도 하지요. 수행에 상응하는 바른 가치관을 정립하는 것입니다.

수행에 상응하는 바른 가치관 정립, 그 말은 무슨 뜻일까요? '그것은 수행을 왜 해야 하며, 수행이란 어떠어떠하게 하는 것이다.' 등등을 정리하는 것입니다.

그러면 가치관이 정립되었다고 하면, 그다음에는 어떻게 되겠습니까? 자연히 가치관대로 삶을 살게 됩니다. 가치관을 선반에 얹어놓고 보는 것이 아니라, 내가 그런 삶을 살게 되는 것입니다. 그렇게 삶으로 살다 보면 정립한 가치관과 내 마음이 점점 일치되어갑니다.

케냐의 안과 의사

'한비야'는 오지 여행 중에 케냐의 유명한 안과 의사를 만난 적이 있습니다. 그와 인터뷰하기 전에 들은 소문으로는, 그 안과의사는 30대 중반의 잘생긴, 멋진 남자였습니다.

부푼 기대를 안고 만난 그는 외적으로는 평범한, 아니 못생긴 편에 가까운 사람이었습니다. 처음에는 당연히 기대에 못 미치는 외모에 실망을 했습니다.

그러나 피부병으로 진물이 흐르는 환자들을 다정하게 만지면서 치료를 하고 진심으로 즐겁게 웃으며 환자를 대했습니다. 그런 그를 보면서 단 10분 만에 한비야는 '멋지다, 잘생겼다.' 하는 생각을 하게 되었습니다.

진료가 끝난 밤늦은 시각, 아무것도 보이지 않는 깜깜한 사막에서 호롱불 하나만 놓고 인터뷰를 하는 도중에 그는 이렇게 말했습니다.

"내가 케냐의 수도 나이로비에서 의사 노릇을 하면 잘 먹고 잘살았겠지요. 그런데 내 재주를 돈 버는 데만 쓰는 건 아깝잖아요. 무엇보다 이 일이 내 가슴을 뛰게 합니다." 그 말을 듣는 순간 '한비야'는 온몸이 전율이 흐르는 체험을 했습니다.

환자를 진료하기 위해 노벨상을 받으러 가지 않은 슈바이처 박사님이 계셨습니다. 아프리카 수단 톤즈에서 봉사하시다 돌아가신 이태석 신부님도 계십니다. 이렇게 자신의 바른 가치관을 정립하여 지구촌의 어려운 사람들을 위해 헌신하며 살다 가신 분들, 살아가시는 분들이 많습니다. 그런 분들이 있기에 세상은 언제나 살만하게 따뜻한 것이겠지요.

체해탈

우리가 이렇게 가치관에 상응하는 삶을 살게 되면 그 체험의 환희가 가슴속에서 느껴지게 됩니다.

그 체험이란 다른 말로 표현하면 해탈입니다. 어떤 어려움도 걸림이 되지 않고, 그것을 즐길 수 있게 마음이 자유로워지는 것입니다. 매사에 걸리던 마음이 사라지고 평화가 오기도 합니다. 해탈의 기쁨이지요.

그리고 나의 이런 가치관을 조용히 사유하고 있으면 가치관에 상응하는 마음이 되고, 그 마음으로 더욱더 평화롭고 자유로워집니다.

수행으로 마음이 평화롭고 자유로워지는 것, 이 상태를 체해탈(體解脫)이라고 합니다. 기본이 되었다, 삶의 틀이 마련되었다는 것을 확인하는 말입니다.

그렇게 체해탈이 되었다 하면 어떻겠습니까? 자연히, 커다란 자유로움을 경험하면서, '야, 내 인생은 성공했구나! 이렇게 살아가면 되겠구나!' 하게 되겠지요. 삶의 방향과 삶의 기본적인 틀이 마련된 것입니다.

용해탈(用解脫)

그렇게 가치관에 부응하는 삶을 거듭 살게 됩니다. 그러면 자연히 따라오는 단계가 있습니다. 그것이 용해탈(用解脫)입니다. 삶 전반에서 이것저것 걸리던 마음들이 뚝뚝 끊어지고 자유로워집니다.

과거에는 열심히 살기는 해도 여기저기 걸리면서 살았는데 가치관 정립을 하고, 그 가치관에 의해 삶의 틀이 자리 잡아 살아가게 되니 체해탈이 마음 안에서 녹아들게 됩니다.

　생활 전반에서 걸리던 마음들이 점점 걸리지 않게 되고 자유로워지는 것이지요. 어떤 나쁜 일이 생겨도 '그것은 일어날 만하니 일어난 것이겠지.' 하며, 문제를 해결하면 되는 일일 뿐인 것이지요. 걸리지 않는 자유로움을 가지고 살게 되는 것입니다. 이것이 용해탈(用解脫)입니다.

　그래서 용해탈한 마음으로 살게 되면, 명상을 해도 환희롭기 그지없고, 일을 하더라도 걸림이 없이 자유로우니 이제 사람답게 살게 된 것입니다. 그 정도면 더 바랄 것이 없는 만족한 삶이 되었습니다.

무의식해탈

　그렇게 체해탈과 용해탈이 깊어져서, 점점 깊은 무의식까지 정화되어 깨끗해져야 합니다.

　"네가 꿈속에서도 그렇게 자유로우냐? 무의식까지도 그렇게 자유로울 수 있느냐?" 하고 묻는다면 "예 그렇습니다." 하고 자신있게 대답하기가 어렵습니다. 그래서 궁극적으로는 무의식 해탈이 되어야 합니다.

　가치관을 정립하고 체해탈과 용해탈이 잘된 사람은, 꿈속에서도 차츰 걸리지 않습니다. 더 나아가면, 꿈보다 더 깊은 단계의 무의식 차원에서도 걸리지 않게 되어야 합니다. 그 상태를 무의식해탈이라고 합니다.

　그래서 내 의식 전체가, 여기 의식권에서부터 저 심층의 무의식까지 전체가 일체 걸림 없이 허공처럼 자유로워질 때 그것을 구경각(究竟覺)을 이루었다고 합니다.

　구경각(究竟覺)이란, '수행을 하여 얻어지는 최상의 깨달음'을 말합니다. 보여지는 깨달음과 행복의 모습이 빙산의 일각이 아니라, 심층에 있는 얼음덩어리까지 모두가 자유, 자재, 자비할 수 있다는 것이지요.

우리 모두 이런 인품자가 될 수 있도록 끊임없이 비워가며 수행을 해나가면 좋겠습니다.

온 천지가 법당이요, 모두가 부처라네

어떤 스님이 배운 대로, 꾸준히 수행 정진을 하고 또 했습니다.

그러던 어느 날, 드디어 온몸과 마음에 환희심이 가득 차며 몸이 사라진 듯 느껴지고, 머리가 뻥 뚫리는 해탈의 깨달음을 얻으셨습니다.

수행 중이던 선방에서 뛰쳐나와 덩실덩실 춤을 추며 법당 앞까지 달려 나왔습니다. 그리고는 법당 앞에서 시원하게 소변을 보는 것이었습니다.

놀라서 따라 나오신 선방 지도 스님께서 깜짝 놀라, 빗자루를 집어 들고 크게 소리쳤습니다.

"야, 이 미친 중놈아, 법당 앞에서 오줌을 싸면 어떻게 하냐? 너 잡기만 해봐라." "스님 그러면 법당 아닌 곳을 가르쳐 주십시오. 제 눈에는 온 천지가 법당이고 모두가 부처로 보입니다."

깨닫고 보면 있는 그 자리가 모두 법당이요. 천국이지요. 보이는 모든 것이 하늘님이고 부처님입니다.

어머니의 편지

수행이 무엇인지도 모르고 학교에 다닌 적도 없이 평범히 사셨지만, 조상님들 중에는 진정한 수행 4위를 실천하신 분들이 많습니다.

일제 강점기, 안중근 의사의 어머니도 그중 한 분이시지요. 안중근 의사가 이토 히로부미를 죽이고 옥중에 있을 때, 어머니가 보내신 편지입니다.

네가 만약 늙은 어미보다 먼저 죽는 것을 불효라 생각한다면,
이 어미는 웃음거리가 될 것이다.

너의 죽음은 너 한 사람 것이 아니라
조선인 전체의 공분을 짊어지고 있는 것이다.

네가 항소를 한다면 그것은 일제에 목숨을 구걸하는 짓이다.
네가 나라를 위해 이에 이른즉 딴맘 먹지 말고 죽으라.

옳은 일을 하고 받은 형이니 비겁하게 삶을 구하지 말고,
대의에 죽는 것이 어미에 대한 효도이다.
아마도 이 편지가,
이 어미가 너에게 쓰는 마지막 편지가 될 것이다.
여기에 너의 수의(壽衣)를 지어 보내니 이 옷을 입고 가거라.

어미는 현세에서 너와 재회하기를 기대치 않으니,
다음 세상에는 반드시 선량한 천부의 아들이 되어
이 세상에 나오너라.

　　　　　　　　　-사형선고 받은 안중근 의사에게 보낸 어머니의 편지-

마무리와 3행시

마음공부를 하려면 먼저 마음공부에 관계되는 바른 가치관 정립부터 해
야 합니다. 그리고 가치관 정립되었다면 가치관대로 실천할 틀을 마련하
고 실천을 합니다.

실천하다가 보면 자연히 모든 것이 자유(自由)로워지고, 행동은 자비

(慈悲)로워지며, 자재(自在)로운 마음을 경험하게 됩니다. 이렇게 경험하는 것을 체해탈이라 합니다.

그러한 상태를 안으로 거듭 씹고, 또 씹으면 체해탈이 깊어집니다. 체해탈이 깊어지면 생활에서 걸림 없는 해탈의 삶을 살게 됩니다. 이것을 용해탈이라고 했습니다.

용해탈이 익어지니 삶에서 우주적인 자유로움을 느끼게 되고, 생활 속에서도 걸림이 없게 됩니다. 그래서 가만히 있어도 자유롭고, 움직여도 자유로운 상태가 되는 것이지요. 그것이 용해탈인데 이 용해탈이 깊어지면, 저 무의식까지 해탈되어 아무것에도 걸림이 없는 무의식해탈의 경지에 이르게 됩니다.

우리들이 세상에 태어나 궁극적으로 해야할 일은 마음관리입니다. 우리들의 이 소중한 마음을 적당히 던져놓아서는 안 됩니다.

바른 가치관을 정립하고, 체해탈, 용해탈, 무의식 해탈이라는 수행 4위를 유념하면서 우주적인 자유, 자비, 자재로움으로 살아가시길 빕니다.

오늘은 '용해탈' 3행시로 마치겠습니다.

용 : 용해탈이란, 생활 속에서 걸리던 마음이 걸림 없이
　　 자유로워지는 것입니다.
해 : 해답은 간단합니다.
탈 : 탈탈 털어 버리세요. 걸림 없이 무한 자유,
　　 무한행복이 느껴질 때까지

고맙습니다. 사랑합니다. 축복합니다. 행복하세요.

첫 만남

살아가면서 우리에게는
무수한 만남이 있다

그중 가장 중요한 것은 첫 만남이다
첫 만남의 특징은 긴장이다
긴장은 소모전이요, 미성숙이니
적응으로 해탈한다.

첫 만남 이후에는
만남 3박자에 유의한다
반갑게 맞이한다
유익함이 있어야 한다
즐거워야 한다

이렇게 첫 만남이 잘 이루어지면
우리의 만남은
쭈욱 좋은 인연으로 이어진다

QR코드를 스캔하면 행복특강 강의를
시청하실 수 있습니다.

44강 첫 만남
편안한 첫 만남 만들기

손바닥을 한번 들여다보실까요? 나에게 병을 일으키고 괴롭히는 세균들이 보이시나요? 안 보이시지요. 그래도 있을 것 아닙니까? 씻지 않고도 세균을 없애는 특별한 방법을 알려 드리겠습니다.

일단 손을 넓게 벌리고 손뼉을 힘차게 10번만 쳐보세요. 이번에는 더 힘차게 20번을 쳐봅니다. 다음에는 더욱더 힘차게 "와 신난다." 소리까지 질러가며 손뼉을 30번 쳐보세요.

어때요? 시원하고 기분이 좋아지셨지요. 이렇게 손뼉을 치면 시원하고 기분이 좋은 이유는 뭘까요? 맞습니다. 손에 있던 세균들이 박수 때문에 맞아 죽고 터져 죽어서 모두 사라져 버리기 때문입니다. 가끔 이렇게 세균 퇴치 작전을 펼쳐보시면 좋겠지요. 우울하던 기분이 싹 달아나고, 상쾌한 기운이 내게로 들어옵니다.

지난 시간에는 '수행 4위'에 대해 이야기 나눴습니다.

수행이란, '마음을 얼마나 행복하고 자유롭게 관리하느냐?'를 말하는 것이지요. 그 방법을 4단계로 정리한 것이 '수행 4위'입니다.

첫 번째는 가치관을 정립하는 것이고, 두 번째는 가치관을 실천해 체해탈에 이릅니다. 세 번째는 체해탈이 익어져 일상생활에서 생각과 말과 행동에 걸림이 없이 자유로워지는 용해탈, 네 번째는 빙산인 나의 의식 모두가 자유로워지는 '무의식 해탈'에 까지 이르자는 이야기였습니다.

첫 만남

오늘 여러분들과 이야기 나눌 것은 '첫 만남'입니다.

첫 만남이라고 하면 어떤 마음이 드시나요? 설레고 기대되시지요. 살다 보면 우리는 첫 만남의 순간을 수없이 접하게 됩니다.

그런데 처음 만나는 자리에서는 대체로 서로 긴장하게 되지요. 그 사람과도 구면이 되면 긴장은 사라지고 서로 편안해지는 것이 당연한데도 말입니다. 그래서 처음 만난 자리에서 긴장한다는 것은 이해할 수는 있어도, 권장할 만한 것은 아닌 것이지요. 보통 누군가를 처음 만났다 하면, 그 만남은 계속 이어지게 되는 경우가 대부분이거든요.

그렇다면 첫 만남의 관리가 상당히 중요하겠지요?

특히 수련장에서는 첫 만남의 긴장이 해소되지 않은 채, 본장으로 들어가게 되면 그곳에서 배워야 할 것들을 긴장으로 인하여 효율적으로 받아들이기가 어렵습니다.

수련장이 아니더라도 알고 보면 인생의 대부분이 모르는 사람과의 첫 만남으로부터 시작되고 진행되어갑니다. 그리고 첫 만남의 기억이 첫인상으로 남아 오랫동안 관계에 영향을 미치기도 합니다. 그러니까 우리들이 첫 만남에서 자기관리를 어떻게 할 것인지를 미리 알고 실천한다면, 서로의 관계가 원만히 이루어지게 됩니다.

첫 만남의 특징은 긴장이라고 했습니다. 그러니까 처음 만난 자리에서 가능하면 빨리 그 긴장을 해소하고 마음을 편안하게 하는 것이 제일 좋습니다.

편안한 마음으로 페이지를 넘기면서, 그 모임의 목적이 되는 장으로 들어가게 되면 좋다는 것이지요. 그래서 첫 만남에서 마음이 편안해지기 위해서는 평소에 몇 가지 생각을 미리 해둘 필요가 있습니다.

이렇게 생각해 보는 겁니다.

'긴장이라고 하는 것은 소모전이야. 무엇 때문에 소모전을 해? 어차피 알고 나면 친하게 지낼 사람들인데.' 이것을 하나의 격언처럼 생각해 둡니다.

또 '안전지대에서 긴장하는 것은 긴장 정도만큼 미성숙한 것이야.'라는 점도 생각해 봅니다. '아, 정말 그렇지. 지금 첫 만남의 자리는 안전한 곳이지. 총알이 날아오지도 않고, 땅이 꺼지지도 않는데 안전지대에서 긴장하는 것은 우스운 일이야. 긴장하는 정도만큼 내가 미성숙한 것이지. 그리고 긴장을 한다는 것은 적응을 잘하지 못하고 있다는 거야.'

그러니까, '적응이 해탈이지.'라고도 생각해 봅니다. '적응 잘하는 것이 자유로움을 사는 사람이지.'

이 3가지 방법을 명심하면 첫 만남 자리에서 자기관리를 잘하게 되고, 빨리 긴장을 해소하면 편안해질 수가 있습니다. 그리고 첫 만남이라고 해도 과거로 따져 올라가 보면, 오늘 처음 만난 그 사람은, '전생에 모두 친하게 지냈던 사람들이었을 것이야.'라는 상상이 가능합니다.

그러니까 마음속으로 옛날에 헤어졌던 내 형제자매, 부모, 아들, 딸, 친구를 지금 만나고 있다. 이렇게 생각하면 빨리 편안해질 수 있습니다. 그리고 또 이렇게 생각해 볼 수도 있습니다.

'우주는 한 덩어리 생명체야. 그러니까 우리는 모두 하나인 것이지.' 하고 생각해보는 것입니다.

어떤 사람과 처음 만나고, 그것으로 그 만남이 끝나게 되면, 그 첫 만남이 그 사람과의 만남 전부일 수도 있습니다. 또 어떤 만남에서는 첫인상이 좋지 않았다 하면, 그 사람과는 다시는 만나고 싶지 않은 마음이 평생 갈 수도 있습니다. 어떻게 생각을 해보아도 인생에서 첫 만남은 이렇듯 매우 중요합니다.

저질러라

그러면 첫 만남을 잘하기 위한 실습을 해볼까요? 첫 만남을 위한 실습을 해보려 해도 그것이 또 잘 되지 않을 수도 있습니다. 그럴 때는 '저질러라.' 라는 촌철을 생각합니다.

인사 한마디를 하려고 해도 말이 목에 걸려 나오지 않아 제대로 못하는 사람에게 효과적인 처방은, 마음으로 '저질러라!'를 명령하고 그냥 해보는 것입니다. '저질러라'라는 이 촌철은 첫 만남에서 뿐만이 아니라 무수한 경우에 대단히 필요하고 중요한 가르침이 됩니다.

만남 삼박자 하나,

그리고 만남을 가지려 할 때는 우리들은 '만남 삼박자'를 유념하는 것이 좋습니다. 사람이 만나면 일차 반가워할 줄 알아야 합니다. 그러니까 사람들과 만나면, '우선 반갑게 대하리라.' 하는 마음을 갖는 것입니다.

그리고 만남이란, 만나서 무엇을 하기 위해 모이는 것이니 그 만남이 '유익한 자리가 되게 하리라.' 하는 마음도 있어야 합니다. 시간을 내어 온 보람을 느끼게 해주는 것이지요. 그래서 만남에는 반가움과 유익함이 있어야 합니다.

그런데 유익함에만 너무 집중하다 보면 지루할 수가 있습니다. 어떤 만남이 유익하기는 했는데, 지루하다면 그 자리에 다시는 가고 싶지 않게 됩니다.

그러니까 모임의 요소로 '즐거움도 있게 하리라.'가 꼭 들어가야 합니다. 만남을 주선한 사람은 '무엇으로 온 사람을 즐겁게 해줄까?'에도 깨어있어야 합니다. 만났으니 반갑고, 그리고 무엇인가 모이면 목적에 상응하는 유익함이 있어야 하고, 유익함에만 떨어지게 되면 지루하게 되니까, 즐거운 가운데 헤어질 수 있도록 하는 것이지요.

반갑게 맞이하는 공덕

수련원에서 공부하고 가신 어떤 수련생이 1년쯤 후에, 지나가다 보고 싶어 들렀다며 오셨습니다. 여기서 수련을 하고 나가니 스님이 너무 좋고, 가르침이 좋아서 '나도 절에 한 번 다녀볼까?' 하고 절을 몇 군데 가보았답니다.

그런데 어떤 절에서도 자신을 반갑게 맞아주는 곳이 없었습니다. 오면 오나 보다, 가면 가나보다. 그리고 알아서 법당에 들어가 절만 하고 오다 보니 다니고 싶은 마음이 사라졌습니다. 낯선 곳에 갔는데 아무도 끌어당겨주지 않으니 그럴 수밖에요.

그러다 가까이 있는 교회를 한 번 가보았답니다. 그곳에 가니 마치 잃어버렸던 가족이라도 다시 찾은 양 모든 사람이 반가워해 주고, 챙겨주고, 집에도 찾아와주고 기도도 해주고 하는 것이었습니다. 그래서 지금은 교회에 다니면서 행복하다고 하셨습니다.

절과 성당에서는 이런 점을 많이 배워야 할 것 같지요. 사람은 누구나 나를 반겨 맞아주는 사람에게 정이 가고 끌리게 되어 있습니다.

만남 삼박자 둘,

그리고 아는 사람에게는 물론, 만나는 사람마다 당연히 온 마음으로 반가움을 표시해야 합니다. 내가 있는 곳에 찾아온 처음 만나는 사람을 친절하고 반갑게 맞으면 당연히 좋은 인연으로 이어질 수가 있습니다. 반가워해야 할 사람 중에 가장 중요한 사람은 가족입니다.

매일 만나는 가족에게는 어떤 경우라도 밝게 웃으며 항상 반갑게 맞아주어야 하는 것입니다. 남에게는 잘하면서 가족에게는 무뚝뚝하게 대하는 사람은, 가장 못나고 어리석은 사람이라는 것 아시지요? 불행을 불러들이고 가정이 파괴될 수도 있는 일입니다.

자녀가 아무리 데면데면하게 굴어도, 배우자가 아무리 무뚝뚝해도 내가 반갑게 맞을 줄 아는 게 나에게 손해일까요, 이익일까요, 당연히 이익입니다. 그래야 일단 내 마음이 편합니다. 그리고 서로 배우게 됩니다.

나중에 보고 배운 대로 그대로 다 갚아주게 되어 있습니다. 반가움, 유익함, 즐거움, 만남 삼박자를 늘 명심하고 잘 실천하셨으면 좋겠습니다.

처음 만나면 해야 할 일

그리고 누군가와 처음 만났을 때 내가 해야 할 일은 무엇이겠습니까? 그것은 인사입니다. 밝고 환하게, "안녕하세요?"하고 인사를 하는 것입니다. 인사는 관계 시작의 기본이지요. 서로 인사 나눈 후에는, 나중에 후회하거나 부담이 되지 않을 만큼, 간단하고 가벼운 자기소개를 합니다.

"아, 저는 강진에서 36년간 살고 있는 OOO입니다. 아직 결혼은 안 했구요. 하는 일은 작은 회사에 다니며, 농사도 조금 짓고 있습니다. 이곳에는 아는 지인이 한번 다녀오면 좋다고 오래전부터 권해서 이번에 오게 되었습니다." 하는 정도의 나눔을 하는 것입니다.

처음부터 친해진 다음에 해도 좋은 이야기까지는 안 하는 게 좋겠지요. 또 상대가 밝히지 않은 사적인 질문을 하는 것은 결례가 될 수 있습니다.

그러니까 서로 지나치지 않은 가볍고 일상적인 정보를 나누고 거기에 덕담을 덧붙이면 좋습니다.

"참 인상이 좋으시네요. 목소리가 고우시네요." 등은 좋겠지요. 처음 만난 자리에 덕담도 결례가 되지 않을 만큼 해야 합니다.

인생은 만남의 연속

인생살이를 하다 보면 수많은 첫 만남을 갖게 됩니다. 그때 긴장으로 쩔 쩔매는 것이 아니라 긴장을 해제하고 그 나눔의 장에서 부드럽고 따스한 분위기를 주도해가는 그런 사람이 되는 것이 좋겠지요.

만남 삼박자에 유의하며 만남을 지속한다면, 언제라도 즐거운 만남이 될 수 있을 것입니다. 만나면 만날수록 또 만나고 싶은 만남을 만들어 가 시기 바랍니다.

반드시 밀물 때는 온다

만남은 여러 가지가 있습니다. 그림과의 만남을 용기내어 내 것으로 만 들어 인생을 꽃피운 이야기입니다.

유명한 강철왕 카네기의 사무실 가운데 벽에는 낡고 커다란 그림 하나 가 그의 평생 동안 걸려 있었습니다. 이 그림은 유명한 화가의 그림이거 나 골동품의 가치가 있는 그림은 아니었습니다.

커다란 나룻배 하나와 배를 젓는 노가 썰물에 밀려서 모래사장에 아무 렇게나 던져져 있는 것으로 어떻게 보면 무척 절망스럽고 처절하게까지 보이는 그림이었습니다.

이 그림에는 '반드시 밀물 때는 온다.'라는 글귀가 씌어 있었습니다.

어느 사람이 카네기에게 어째서 이 그림을 그렇게 애지중지하느냐고 물 었더니 그는 이렇게 말했습니다.

그가 청년 시절에 세일즈맨으로 방문하여 물건을 팔았는데, 어느 노인 집에서 이 그림을 보게 되었다는 것입니다. 그에게는 이 그림이 무척 인 상적이었고, 특히 '반드시 밀물 때는 온다.'라는 글귀는 오랫동안 머릿속 에서 잊혀지지 않았답니다.

그래서 28세 되던 해에, 그 노인을 찾아가 용기를 내어 청했습니다.

"어르신, 세상을 떠나실 때는 이 그림을 저에게 물려주십시오."

노인은 그의 청을 들어주었고 카네기는 이 그림을 평생 소중하게 잘 보이는 곳에 걸어놓았습니다. 그리고 이 말을 평생 그의 생활신조로 삼고 살았던 것입니다.

'반드시 밀물 때는 온다.'

마무리와 3행시

카네기가 강철왕이 될 수 있었던 것은, 이 그림 때문이었다고 해도 지나친 말이 아닐것 같습니다.

우리의 만남은 꼭 사람만은 아닙니다.

카네기처럼 내 인생의 중요한 나침반이 될 수 있는 것에도 용기를 내어, 그 만남을 성사시킴으로 인생의 대전환을 이루어 낼 수도 있습니다. 스치는 만남을 소중한 인연으로 만들어 가시길 기원합니다.

오늘은 '첫 만남' 3행시로 마치겠습니다.

첫 : 첫 만남의 설렘, 기대, 긴장은 누구나 있습니다.
만 : 만남 삼박자 아시지요. 반가움, 유익함, 즐거움
남 : 남남이 만나 오래도록 행복하게 지내려면, 만남 3박자를
　　 유념하고 실천하시면 됩니다.

고맙습니다. 사랑합니다. 축복합니다. 행복하세요.

기전향(起傳向)

하루 24시간
하루에 몇 분이나 깨달아
삶다운 삶으로 살고 있는가?

나를 위해
가족과 이웃을 위해

그리고
세상과 지구를 위해
기전향(起傳向)해 주는 시간

그것이 내가
깨달아
삶다운 삶으로 살아가는 시간이다.

QR코드를 스캔하면 행복특강 강의를
시청하실 수 있습니다.

45강 기전향
사랑의 에너지 전하기

 지난 이야기

　지난 시간에는 '첫 만남'에 대한 이야기를 나누었습니다. 첫 만남의 장에서는 대체로 긴장을 하게 되는데, 긴장을 빨리 해소하려면 3가지를 유념하면 좋습니다.

　첫 번째, 긴장은 소모전이야. 잠시 후 친해질 사람들인데, 긴장은 에너지 낭비이지. 두 번째, 이처럼 안전한 곳에서 긴장하는 것은 나의 미성숙을 드러내는 것이지. 세 번째, 적응이 해탈이야. 지금까지 지구에 살아남은 것은 적응을 잘한 덕분이지. 이렇게 3가지를 떠올릴 수 있다면, 긴장은 바로 해소될 수 있습니다.

　그리고 서로 만남을 가질 때는 '만남 삼박자'를 유념하시면, 더욱 좋습니다. 반갑게 맞이한다. 유익함이 있어야 한다. 즐거움이 있어야 한다.

　이 3가지를 유념하는, 그런 사람과의 만남은 언제나 기다려지는 만남이 되겠지요. 만남 삼박자를 유념하시면서, 먼저 반갑게 인사를 하고, 상대에게 도움이 되게 하며, 덕담과 유머로 즐겁게 대화를 해나간다면, 서로가 계속 따뜻한 마음을 가지고 만날 수 있을 것입니다.

　쑥스러워 잘 안되면 어떻게 한다구요. "저질러라."를 실천하시면 됩니다. 특별한 것 아닌 이런 생활 속 행복도구들이, 인간관계를 원만히 하는데 매우 중요하다는 것을 잊지 않으셨으면 좋겠습니다.

기전향(起傳向)

오늘, 여러분과 공부해 볼 주제는 '기전향(起傳向)'입니다.

기전향(起傳向)은 다른 사람을 위해 기도해 주는 방법의 하나입니다. 글자를 하나씩 풀이해보면, '기(起)'는 끌어올린다는 말이고 '전(傳)'은 전달한다는 뜻이고, '향(向)'은 향상된다는 말입니다.

기운을 쑤욱 끌어 올려서 상대에게 전달하면 결과는 어떨까요? 그 사랑의 에너지를 전달받은 사람은, 기운이 좋아지겠지요. 물론 그냥 마음속으로 아무개를 떠올리며 '잘 되어라, 건강해라.' 하는 것도 훌륭한 기도입니다.

그런데 기전향 동작을 하면서 기도해주게 되면, 전달되는 에너지의 강도가 훨씬 커지게 됩니다. 두 팔을 아래서 위로 우주의 에너지와 함께 기(起)를 끌어올려서, 그 기(起)를 상대에게 두 손으로 밀어 전(傳)해 줍니다. 그리고 다시 두 손을 하늘을 향해 올리면서, 상대방의 모든 것이 향상(向上)되기를 빌어주는 것입니다.

그렇게 온몸과 마음으로 상대가 잘 되기를 기원해주는 것, 그것이 기전향(起傳向)입니다.

일체유심조(一切唯心造)

기도의 원리는 일체유심조(一切唯心造)입니다.

'일체유심조란 모든 것은 내 마음이 만든다.'는 말이지요. 주변의 누군가가 병이 났다고 하면 자연히 빨리 건강해지길 바라는 마음이 간절해집니다.

그래서 그에게 '부디 빨리 건강해지소서.' 하고 기전향(起傳向)을 하면, 기전향한 그대로 이루어짐을 믿는 것입니다. 그것이 일체유심조입니다.

기전향(起傳向)이 '일체유심조'에 딱 어울리는 행복도구이지요.

기도의 대상은 개인일 수도 있고, 여러 명일 수도 있습니다. 지구 위에 살고 있는 모든 생명들, 모든 무생물까지 그 대상이 될 수 있습니다. 나아가서는 우주 전부가 기전향의 대상이 되는 것입니다. 세상 모든 사람들이 기전향(起傳向)과 같은 기도를 하며 살아간다고 상상해보십시오.

우리가 살고 있는 이 세상은 더욱 행복하고 평화로워지겠지요.

마음속에 사는 늑대 두 마리

체로키의 인디언 노인이 손자와 삶에 대해 이야기를 나누고 있었습니다.

"얘야, 우리 마음속에는 늑대 두 마리가 살고 있단다. 한 마리는 아주 선한 늑대이지. 그 늑대는 평화롭고 유쾌하며, 사랑과 배려를 할 줄 아는, 이해심 많은 늑대란다. 그 늑대는 '세상은 아름답고 행복한 곳이야.' 하는 신념에 가득하지. 다른 한 마리 늑대는 아주 사악한 늑대란다. 그 늑대는 분노, 질투, 탐욕, 오만에 가득 차 있고 아주 거만하지. 사악한 늑대 마음속에는 온통 욕심과 이기심이 꽉 차있지. 이 두 마리 늑대는 마음속에서 매일 싸움을 하며 살아간단다."

손자가 물었습니다. "할아버지, 그런데 어떤 늑대가 이기게 돼요?"

"넌 어떤 늑대가 이길 것 같니?" 할아버지가 물었습니다.

"힘센 늑대요."

"그렇지. 그럼 힘이 세어지려면 어떻게 해야 할까? 잘 먹어야겠지. 그러니까 싸움에서 이기는 늑대는, 네가 매일 마음 속으로 먹이를 주는 늑대란다."

행복해지려면 어떻게 해야 할까요? 감사의 마음으로 늘 나와 모두에게 기전향을 해주어야겠지요.

온몸으로 하는 기전향(起傳向)

내 사랑의 에너지, 따뜻한 기운, 이것은 내 몸속에 들어있습니다.

그런데 우주와 이 몸은 처음부터 한 몸이었습니다.

그래서 내가 에너지를 '기'하면서 끌어올리면, 우주 전체에 있는 에너지를 함께 끌어올려지는 것입니다. 그렇게 끌어올린 에너지를 누군가에게 전달해 보십시오. 내 기도의 대상이 이 기운을 받고 더 좋은 상태로 향상된다고 상상을 하면서 말입니다. 향상될 거라 믿어지시지요.

기전향(起傳向)할 때는 '안 이루어질지도 몰라.'하는 의심의 마음가짐으로 하는 것은 좋지 않습니다. 꼭 그렇게 되리라 하고 믿으며 해야 합니다. 인디언들이 기우제를 언제까지 지낸다고 하던가요? 비가 올 때까지 합니다. 반드시 그렇게 되리라 믿고 될 때까지 정성을 기울여주는 것입니다.

확신과 진정성으로 천천히

마음먹은 대로 되기 때문에 내가 의심을 하면 의심이 현실로 드러나는 법입니다. 확신을 한다면, 그 확신이 현실로 드러나는 것이지요. 그래서 기전향할 때는, 내가 기전향하는 대로 된다고 확신을 해야 합니다.

그다음에는 진정성을 가지고 해야 합니다.

진정으로 그 존재가 좋아졌으면 좋겠어. 틀림없이 좋아질 거야.

'이미 기전향하는 내 사랑의 기운을 받아 지금 좋아지고 있어.' 이렇게 확신을 하며, 진정한 마음이 있어야 한다는 것입니다. 그리고 손짓을 활용하거나, 마음속으로 말하면서 기도할 때는 소리나, 손짓의 속도를 조금 천천히 하며 정성을 담아야 합니다.

차분하게 "아무개 씨 건강하세요." 하고 느린 속도로 하면 그 속에는 확신과 진정성이 더 배어듭니다. 후다닥 해치우는 식으로 하게 되면 정성과 진정성이 감소되어 제대로 전달되지 않을 수 있습니다. 이왕이면 속도에도 유념합니다.

몸의 흐름 느끼기

그렇게 기전향을 하면서, 내 몸에 흐르는 기운을 느껴보십시오. 다른 사람의 행복과 건강을 위해서 기전향을 하고 있으니 자신도 기운이 좋아짐을 느낄 수 있을 것입니다. 내 속에서 느껴지는 행복감을 느끼면서 기전향을 하는 것입니다.

기전향을 하는 데에는 이렇게 다섯 가지 원리가 있습니다.

기전향(起傳向)이 일상이 될 수 있기를 소원해봅니다.

서로 기전향을 해주게 된 나뭇잎

아주 오래전 여름, 숲속에 잎사귀가 울창한 나무가 있었습니다.

그런데 이 잎사귀들은 서로 사이가 좋지 않았습니다.

아래쪽 잎사귀는, 위쪽 잎사귀 때문에 해, 달, 별, 구름을 제대로 못 본다고 투덜대고, 위쪽 잎사귀는, 아래 잎사귀 때문에 개미, 바위, 시냇물을 못 본다고 투덜거렸습니다.

그러던 어느 날 쐐기벌레가 올라왔습니다. 잎사귀들은 서로 저쪽이 맛있다고 일러바쳤습니다. 쐐기들은 신이 나서 아래위로 다니며 닥치는 대로 갉아 먹었습니다. 그래서 그해에 나무는 다 죽을 뻔했습니다.

이듬해 여름이 되자 새들이 날아왔습니다. 쐐기도 나무 위로 기어 올라왔습니다. 잎사귀들은 새들에게 쐐기를 다 잡아먹어달라고 부탁을 했습니다. 쐐기가 모두 사라지니 그해에는 나뭇잎이 싱싱하게 우거졌습니다.

그런데 다음 해 봄에 큰 문제가 생겼습니다. 꽃은 피었는데 나비가 한 마리도 날아오지 않는 것이었습니다. 쐐기가 다 사라져 나비가 태어나지 못한 것입니다. 나비가 오지 않자 열매가 맺지 않았습니다.

다음 해부터 잎사귀들은 서로 싸우지 않았고, 쐐기가 와도 새들에게 일러바치지도 않았습니다.

그렇게 1년이 지나고 봄이 되니, 꽃이 활짝 핀 나무에 나비들이 날아들었습니다. 나뭇잎은 우거지고 싱싱했으며 탐스러운 열매가 주렁주렁 열렸습니다.

그래서 요즘 나뭇잎들은 서로 햇빛을 잘 받을 수 있도록 최선을 다해 틈을 내주고, 모든 동물과 곤충들에게도 편히 쉬며 먹고 갈 수 있도록 했습니다. 이 세상에 서로 도움을 주고받지 않고 살 수 있는 것은 아무것도 없습니다.

우리들 마음을 가만히 살펴보면, 나에게 잘하는 사람, 좋은 사람에게 기전향(起傳向)을 잘해주려고 합니다. 그러나 우리 모두가 함께 행복하려면 나를 힘들게 하는 사람, 좋아하지 않는 사람에게도 기전향을 해주어야 합니다.

지난 시간에 말한 것처럼 그렇게 하는 게 나에게 이익이다? 손해다? 그렇지요. 당장도 이익이고 길게 보아도 이익입니다. '반드시 밀물 때는 온다.' 베푼 만큼 돌아오게 되어 있습니다.

그러나 내가 좀 더 자유롭게 행복해지려면 돌아올 것을 기대하면 될까요? 안됩니다. 바라는 바 없이 그의 행복과 행운을 빌어줄 줄 아는 인품이 되신다면 자신이 더욱더 자유로운 행복을 누리게 될 것입니다.

실습을 해보실까요? 기전향을 해주고 싶은 사람을 정해보세요.

내 온 정성과 우주의 기운을 모아, 기전향을 합니다. "사랑하는 OOO 님, 나의 온 정성과 우주의 기운을 기하여 전하오니 건강하고 행복하소서. 무량한 복덕이 향상되소서, 가족이 화목하고 원하는 일 꼭 이루소서."

짧게 할 때는, 기전향을 해줄 사람의 이름을 부르고 기~전~향~만 해주시면 됩니다. 언제든 기전향을 해주시면 안 하는 것보다 당연히 좋아지겠지요. '우주는 하나이고, 기적의 에너지가 있기 때문입니다.'

또 내가 기전향을 해준 사람을 만나면 무슨 말이 나올까요? 내가 기원해준 일에 대하여 관심을 가지고, 어떻게 되어가고 있는지 묻게 되고 덕담을 하게 됩니다. 그러면 기전향 받은 상대는, "이렇게 관심을 가지고 잘 되기를 바라는데, 열심히 잘해야 되겠다." 하는 마음이 들겠지요.

여기서 조심할 것 한 가지 있습니다. 언제나 격려와 지지만 해야지, 상대를 위한다고 충고나 조언을 해서는 안 됩니다. 이런 말이 나오는 순간부터 지금까지 기전향해 준 것이 헛수고가 됩니다. 모든 것은 스스로 할 수 있도록 격려와 지지만 해주면 됩니다.

이렇게 주변의 사람에게 정성으로 기전향을 해주시어 여러분들이 계신 곳이 지상낙원이 되시기를 빕니다.

오늘은 '기전향' 3행시로 마치겠습니다.

기 : 기전향은, 모두의 행복을 위한 진정한 기도입니다.

전 : 전달하려는 것은 우리 속에 들어 있는 사랑과 자비이지요.

향 : 향기롭게 사랑과 자비를 전하는 훌륭한 인품자가

　　바로 여러분이시기를 '기전향'합니다.

고맙습니다. 사랑합니다. 축복합니다. 행복하세요.

행복하나

누구나
행복해지고 싶어 한다.
그래도 인품에는 무관심하다.
습관대로 살아가며
불행하게 산다.

행복해지려고
애쓰는 것이 아니라
불행해지려고 애쓰고 있는 것이다.

이제
전통적인 인품인
신언서판(身言書判)부터
갖추어보자

살아가는 동안
행복 하나는
늘 나와 함께 할 것이다.

QR코드를 스캔하면 행복특강 강의를
시청하실 수 있습니다.

46강 전통적 인품론
인생은 인품론이다

지난 시간에는 '기전향'(起傳向)에 대한 이야기를 했습니다.

모든 사람과 사물, 우주에 있는 것에게 기전향을 해준다는 것은 내가 할 수 있는 최선의 기도입니다. 정성과 진정성으로, 온 우주의 기운을 모아 전달해 잘 되기를 기원해주는 기도법이지요.

옛날 어머님이 장독대에 정한수 떠 놓고 기원하시던 그 모습과 그 마음입니다. 기전향(起傳向)의 마음을 전할 때에는 상황에 따라 전하는 방법을 달리 할 수도 있습니다.

중요한 것은, 내가 만나는 모든 사람과, 우주 만물에 대하여 더 나아지기를 기원해주는 마음으로 살아간다는 것입니다. 우리가 그런 마음으로 살아간다면 이곳이 바로 천국이 되겠지요.

그렇다면 내가 행복하고 세상이 천국이 되는 것은, 누구 손에 달려있습니까? 바로 내 손에 달려있습니다. 모두를 위해 기전향하는 내 마음에 달려있습니다.

인품이란,

오늘 여러분과 함께 공부해볼 주제는 '전통적 인품론'입니다. 인품이 무엇입니까? 인격이라는 말과 같다고 보시면 됩니다.

사람을 가치 평가하며, '모양새가 좋다, 나쁘다.' 할 때 그 사람의 모양새, 그것을 인품이라고 합니다. 그 모양새가 좋으면 '고상한 인품', 아주 좋으면 '지고한 인품'이라 할 수 있겠습니다. 물론 모양새는 그의 속에서 품어져 나오는 품성까지를 말합니다.

신언서판(身言書判)

이렇게 인품을 재는 잣대로는 당나라 때의 신언서판(身言書判)이 있었습니다. 신언서판은, 관리를 뽑을 때 사용한 4가지를 기준을 말합니다.

살다 보면 우리는 나와 다른 사람의 모습을 늘 바라보게 됩니다. 속마음이나 마음 씀씀이, 그리고 겉모습도 바라보게 되지요. 그러면서 자신을 좀 더 아름답고 지혜롭게 가꾸고자 하는 마음을 갖게 됩니다. 이렇게 사람들은 서로의 모습을 지켜보며 내 모습과 다른 사람의 모습에 늘 관심을 가지게 됩니다.

그리고 우리는 사회적 동물이기 때문에 그 사회를 구성하고 있는 사람들의 인품이 어떠냐에 따라, 그곳의 삶이 달라질 수밖에 없습니다. 그래서 자신의 인품과, 상대의 인품에 대해서 관심을 갖게 되는 것이지요. 여러분들도 인품에 관심이 있으시지요?

신언서판, 신(身)과 언(言)

신언서판이 처음에는 관리를 뽑는 기준이었지만, 세월이 지나며 차츰 인품을 재는 잣대로도 널리 쓰였기에 '전통적인 인품관'이라고도 할 수 있습니다.

신언서판(身言書判)의 뜻을 살펴보면, 신(身)이란, 겉모습, 풍모를 말합니다. 같은 값이면 미남미녀이면 좋겠고, 체격도 보기에 적당히 크면 좋겠지요. 겉모양새도 보기 좋게 가꾸자는 말입니다.

요즘은 신(身)에 대한 생각이 많이 달라져서, 각자의 모양새가 어떻든 그 특성을 존중하지만, 예전에는 생김새나 겉모습이 인품을 재는 도구로 흔하게 쓰였습니다.

그다음에 그 사람의 '언(言)'입니다. '언'이란 언변이지요. 말로 뜻과 감정을 효과적으로 조리 있게 표현하는 능력을 얼마나 갖추었느냐? 하는 것을, 인격을 재는 잣대로 썼다는 것입니다.

생각을 말로 표현하는 것이니 조리 있게 자기 생각을 정리해서 말을 잘 하는 것은, 관리뿐 아니라 모두에게 중요한 자질입니다.

회사에 들어가려면 면접을 보는 것과 같은 것입니다. 조리 있게 말을 잘 하는 것도 인품의 보이는 모습이 됩니다.

신언서판, 서(書)와 판(判)

다음은 '서(書)'입니다. 글 '서'(書), 이것은 문장력일 수도 있고 글씨를 말하기도 합니다. 과거시험에서 문장력으로 관리를 선발하던 시절이 있 었으니, 문장력이 뛰어나고 글씨를 잘 쓴다는 것은 훌륭한 인품에 들어갔 습니다.

스승님께서 어렸을 때만 해도 글씨 잘 쓰는 것 자체가 존경의 대상이었 다고 합니다. 집을 지으면 상량문 글씨를 누가 쓸 것이냐 하며, 그 글을 쓰는 사람을 다들 인품이 출중하다고 하며 존경을 했습니다. 그런 사람이 아는 것도 많고 말까지 잘하면 최고였지요.

그다음 '판(判)'은 무엇이겠습니까? 판단력을 말합니다. 판단력은 곧 지 혜가 갖추어졌다는 것이지요.

이것은 현대에서도 살아가는 매우 중요한 덕목입니다. 산다는 것은 끝 없는 선택의 연속이기 때문에, 판단력은 인품이 드러나는데 매우 중요한 덕목이 될 수밖에 없었습니다.

이처럼 당나라 시대의 신언서판과 같이, 어느 시대에나 그 시대에 상응 하는 인격을 재는 기준과 잣대가 있기 마련입니다. 명문화되어있지 않더 라도 말입니다.

만일 내가 인품에 대해서 마음을 쓰지 않고 산다고 하면, 때로 스스로의 모습을 자신이 보기 싫을 수도 있습니다.

그러면 내가 행복하지 않습니다. 그리고 다른 사람도 내 모양을 보고 싫어할 수가 있습니다. 그러면 나는 민폐를 끼치는 존재가 되는 것이지요. 그래서 이 인품의 기준으로 신언서판은 매우 중요합니다.

그러나 신언서판만 가지고는 인품이 고상하고 지고하다고 말하기는 어렵습니다. 신언서판보다 지고한 인품으로 만들어 가려는 노력이 필요합니다.

어떻게 만들어 가면 좋을까요? 그 방법은 3가지 정도로 요약할 수 있습니다.

고상하고 지고한 인품이 되려면,

첫 번째, 우선 진정으로 지고한 인품이 되고자 하는 마음을 일으켜야 됩니다. 지고한 인품이 되고자 하는 마음이 없다면, 변화를 기대할 수가 없습니다. 그러니까 우리들은 이 점에 정신을 차려야 합니다.

내 모습이란 얼굴만의 문제나 몸뚱이 문제만이 아닙니다. 내 마음 씀씀이가 제대로의 인격이고, 인품인 것입니다.

그래서 겉모습, 속 모습 할 것 없이 '관리 잘해서 아름다운 모습을 드러내겠다.' 하는 그런 마음을 갖는 것이 우선되어야 한다는 말입니다.

두 번째, 자기가 되고자 하는 인품 모형이 그려져 있어야 합니다. 인품 모형이 구체적으로 그려져야 내가 그쪽으로 가기가 쉬워집니다. 물론 그 기준은 시대마다 상황마다 조금씩 달라집니다.

불교에서는 보통 세 가지를 갖춘 인품모형이 있습니다. 그것은 해탈인품, 자비인품, 자재인품입니다.

해탈 인품이란 머리 마음이라 할 수 있는데, 마음이 우주적으로 확 열려서 걸림 없는 자유로 늘 행복한 사람입니다. 자비 인품이란 가슴 마음으로, 내 주변에 있는 존재들을 따뜻하게 배려하고 도와줄 수 있는 사람이지요. 자재 인품이란 해야 할 일을 스스로 알아, 척척 해가는 사람을 말합니다.

세 번째, 그러한 인품 모델에 다가가는 노력을 해야 합니다.

해탈 인품이 되려면, 즉 내 마음이 완전히 열려서 우주적인 자유로움을 체험하는 그런 인품자가 되어야겠다고 한다면 그것에 상응하는 노력을 해야 합니다. 수행이 필요합니다.

자비 인품이 되어야겠다고 한다면, 마찬가지로 그렇게 되기 위한 자비로운 마음공부가 되어야겠지요. 세상에 저절로 되는 것은 아무것도 없습니다. 내가 노력한 만큼이 나에게 주어지는 것입니다.

스승이 된 농부와 황희 정승

황희 정승께서는 자비인품이 둘째가라면 서러운 분이셨습니다. 그렇게 되신 데에는 젊은 시절 한 농부를 만난 후부터였습니다.

여름날 길을 가다 보니, 뙤약볕에서 두 마리의 소를 데리고 밭을 가는 농부가 있었습니다. 그런데 궁금도 하고 심심하기도 하고 해서 큰 소리로, "그 누렁소와 검정소 중 어떤 소가 더 일을 잘합니까?" 하고 물었습니다.

그랬더니 농부가 일하던 손을 멈추고, 소를 세워놓고 달려와서는 귀에다 대고 말을 하는 것이었습니다. "네 검정 소는 힘은 좋은데 꾀를 좀 부립니다. 누렁소가 일을 더 잘하지요." "아니 그 이야기를 거기서 하면 되지, 일손을 놓고 여기까지 달려와서 말을 한단 말이오?"

"아이구 그게 말입니다. 선비님, 아무리 말 못 하는 짐승이지만, 잘못한다는 얘기를 들으면 얼마나 서운하겠습니까?" 하더니, 가면서 큰 소리로 "둘 다 일을 아주 잘합니다." 하는 것이었습니다.

그 일로 큰 깨달음을 얻으신 황희 정승께서는 평생을 다른 사람에게 잘

못 한다는 이야기를 않으셨다고 합니다.

그런데 황희 정승의 큰 부인이 병으로 일찍 돌아가서서, 지인의 간곡한 부탁으로 약간 부족한 어린 부인과 재혼을 하셨습니다.

한번은 부인이 제사 준비를 하다가 배를 하나 감추는 것이었습니다. 황희 정승께서 "왜 그러느냐?"고 물으셨습니다. "먹고 싶어서 그랬어요." "알았소" 황희 정승은 얼른 칼로 깎아서 먹게 하고는 "다음에는 제사를 다 지내고 먹도록 합시다." 하셨습니다.

그리고 내가 해야 할 일에 민첩하게 대응하면서, 척척 잘하는 자재 인품이 되어야겠다 생각하면 어떻게 해야 할까요?

그런 역할을 하려면 몸도 건강해야 하니, 체력 단련도 하고, 마음과 신념 단련도 해야 합니다. 신념단련이 잘 되어 있지 않으면, 체력이 아무리 좋다고 해도 게으름을 피우게 됩니다. 이런 노력을 통해서 내가 원하는 인품자가 되어가는 것입니다.

아버지와 함께한 금강산 구경

이군익님의 늙으신 아버지의 꿈은 '금강산 유람'을 다녀오는 것이었습니다. 마흔 살의 아들은 아버지의 금강산에 가고 싶다는 이야기를 듣자마자 고개를 끄덕였습니다.

막내인 자신을 대학까지 공부시키느라 평생 허리 한 번 못 펴신 아버지의 소원을 당연히 들어드려야 한다고 생각했기 때문입니다.

"예! 아버님, 금강산이 아니라, 더 한 곳이라도 모시고 가겠습니다."

아버지는 노환으로 거동이 불편하셨는데, 금강산은 산길이라 휠체어도 사용할 수가 없었습니다.

고민하던 아들은 등산용 지게에 특수 용접을 해서 아버지와 함께 금강산 유람에 나섰습니다. 금강산에 다다르자 북측 안내원이 정색을 하여 물었습니다. "이게 뭡니까?" "아버지를 모시고 다닐 지게입니다."

92세의 아버지가 앉으실 지게라고 하자 안내원은 호탕하게 웃으며, "통과하시라요!" 금강산을 다니는 동안 만나는 관광객들마다 아들과 아버지를 보며 격려를 했습니다. 천선대로, 귀면암으로, 구룡폭포로 금강산 구석구석을 다녔습니다.

기계의 무게는 15kg, 아버지가 앉으시면 무게는 60kg, 어깨와 팔은 빠질 듯 저리고, 허리는 부러질 듯 아팠지만 마침내 두 부자는 금강산 관광을 무사히 마칠 수 있었습니다.

- 아버지를 업고 금강산 유람에 올랐던 이군익님의 이야기 -

마무리와 3행시

여러분, 우리들의 인생은 바로 인품론입니다. 노력하지 않고 되는 일은 없습니다. 꾸준히 노력해서 존중과 존경받는 인품자가 되시기를 '기전향'합니다. 오늘은 '인품론' 3행시로 마치겠습니다.

인 : 인품은 사람의 됨됨이를 말합니다.
품 : 품위 있고 품성이 좋아 누구나 좋아하고 존경하는
　　사람이지요.
론 : 논쟁할 필요 없이, 모두 훌륭한 인품자가 되시기 바랍니다.

고맙습니다. 사랑합니다. 축복합니다. 행복하세요.

동사섭 인품자

대상을
바라보는 관점은 무수히 많다.
우리는
어떤 관점을 취할 것인가?

그 관점(觀點)을 취했더니
아집(我執)이 사라지고
세상이 평화롭게 느껴지며
마음에 사랑과 자비심이 넘친다면

그 관점이 좋지 않겠는가!

그렇게
우리를 행복하게 하는 관점(觀點)
그것이 바로
바른 견해(見解)이다.

바른 견해를 가진 사람
그가
동사섭 인품자이다.

47강 동사섭 인품론
자신과 주변에서 존경받는 인품

지난 이야기

지난 시간에는 '전통적 인품론'에 대한 이야기를 나누었습니다.

가장 전통적인 인품의 잣대는, 당나라 시대의 관리 뽑는 기준이었던 신언서판이었습니다. 우리나라에서는 신언서판과 함께 '해탈 자비 자재'의 인품을 갖춘다면 훌륭한 인품을 갖추었다고 손꼽았습니다.

나쁜 일이 생겨도 크게 웃어넘길 줄 알고, 우주적 자유를 누리며, 사람을 따뜻하게 안아주고 도우며, 할 일은 척척 해낼 줄 아는 사람, 거기다 부모에게 효도할 줄 아는 사람이라면, 전통적으로 훌륭한 인품으로 여겼습니다. 선비정신을 실천하는 사람이라고도 할 수 있겠습니다.

바로 여러분들이십니다.

동사섭 인품론

오늘은 지금까지 행복특강이 있게 가르침을 주신 행복마을 '동사섭의 인품론'은 어떤 것인지 나누도록 하겠습니다.

동사섭이란 말이 생소하시지요? 동사섭이란, 고통을 받고 있는 중생을 제도하여 행복으로 이끌기 위해 행하는 불교의 '사섭법' 중의 하나입니다.

사섭법(四攝法)이란, 보시섭(布施攝), 애어섭(愛語攝), 이행섭(利行攝), 동사섭(同事攝)입니다. 보시섭이란, '좋아하는 물질, 말씀으로 행복에 이르도록 하는 것'입니다.

애어섭은 '사랑이 넘치는 따뜻한 말로 행복에 이르도록 돕는 것'이지요. 이행섭은 '사람들에게 도움과 이익을 주어, 행복에 이르도록 하는 것'입

니다. 동사섭은 그 사람이 처한 환경에서 함께 생사고락을 같이함으로써
한마음이 되어 행복에 이르도록 돕는 것을 말합니다.

스승님께, "인생이 무엇인가요?"라고 여쭈어보면 "인생은 행복론이
다." 하십니다. 경우에 따라서 "인생은 공동체론이다."라고도 하십니다.
또 "인생이란 바로 인품론이다."라고도 하시지요.

그래서 행복론, 인품론, 공동체론의 3가지는, 단어만 다르고 모양새만
다소 이리저리 넓히고 좁혀진 것이지 실은 똑같은 말입니다.

동사섭의 인품론은 공동체론이자, 행복론이기도 하다는 말씀입니다.

동사섭이 지향하는 인품론

동사섭 행복마을의 역사는 2022년 현재로 43년이 되었습니다.

43세 된 영성공동체로서, 사람들에게 가르침을 전하여 행복한 삶을 살
아갈 수 있도록, 또 동사섭의 사상을 내면화시켜, 행복한 동사섭 공동체
를 실현해갈 수 있도록 하고 있습니다.

이러한 동사섭이 지향하는 인품론은, 지난 강의에서 다루어진 '삶의 5
대 원리' 곧 정체(正體), 대원(大願), 수심(修心), 화합(和合), 작선(作善)
을 인격화(人格化)하는 사상입니다.

'삶의 5대 원리'는 동사섭을 대변하는 원리이며, 또 다른 말로는 '이상공
동체5요'(理想共同體5要)'라고도 합니다. 공동체를 이상적으로 꾸려나
가는 방편, 도구인 것이지요.

정체와 대원

5대 원리 중 첫 번째인 '정체(正體)'는 자아(自我)를 말합니다. 그 사람
이 훌륭한 인품자라면 자기 자신에 대해 어떤 생각을 가지고있느냐가 매

우 중요합니다. 자신에 대해 가능한 한 긍정적인 생각을 가지고 있어야 합니다.

"나는 세상의 주인이야.""나는 마음만 먹으면 무엇이든 할 수 있는 능력 있는 사람이야.""온 우주는 나를 축복하고, 지지하고 있어.""나는 지금 존재하는 것만으로도 충분히 행복해.""나는 실뱀이 아니라 용인거야.""나는 전 우주에 딱 하나밖에 없는 존재야."

이렇게 나에 대해 자존감과 자신감이 넘쳐야 합니다. 이것이 정체(正體)의 원리입니다. 물론 다른 사람도 나와 똑같이 소중한 존재임을 알아야 합니다.

'대원(大願)'은 큰 소망이라는 뜻입니다. 대원은 이 훌륭한 존재가 궁극적으로 어디를 향해서 나아가야 되느냐 하는 문제에 부딪힙니다.

무엇을 소망하고 이뤄가면서 살아갈 것이냐?를 묻는다는 말입니다.

그 사람이 훌륭한 인품자라면, 그 사람이 인생에서 꾸준히 지향하여 나아가는 방향이 지극한 선(善)이어야 할 것입니다.

이 지극한 선으로 권장할 만한 것을, '우리 모두의 지고(至高)한 행복(幸福)'이라고 외친다고 하면, 아무도 이것을 부정하지 못할 것입니다.

내가 세상을 살아가는 것은, 나와 우리 모두의 행복을 위해서라는 것이 당연하기 때문이지요. 그래서 인간으로 태어났으면 '정체(正體)와 대원(大願)'의 가치관이 정립되어야 합니다.

이것은 인품자가 꼭 갖추어야 할 덕목(德目)인 것입니다.

인품자라면 '천하의 주인인 내가, 우리 모두의 행복을 위해 나를 바치겠습니다.' 하는 뜻을 확실히 가져야 하는 것입니다.

정체, 대원을 이루기 위해 할 일은,

그렇다면 세상의 주인인 내가 우리 모두의 행복을 위해, 구체적으로 무엇을 해야 하겠습니까? 세상의 주인인 내가 무엇을 실천해야 할까요?

그것은 세 가지로 제시할 수 있습니다.

첫 번째는 먼저 내 마음을 온전히 행복의 상태로 만들기 위해, 마음을 닦는 일 곧 수심(修心)을 하는 것입니다. 내가 먼저 행복하지 않다면, 다른 어떤 것도 행복하게 해줄 수가 없습니다. 나에게서 행복이 넘쳐나면 사람은 물론, 모두를 행복의 기운으로 물들일 수 있습니다.

내가 불행하면 아무것도 할 수 없습니다. 그래서 어떤 경우에도 긍정과 감사로 행복한 나를 만들어가도록 마음을 닦아야 하는 것입니다.

다음에는 내가 만나는 모든 사람들과 평화스러운 관계로 화합(化合)을 할 줄 아는 것이 중요합니다. 내가 행복하다는 것은 주변 사람들과 얼마나 화목하게 지낼 줄 아느냐로 드러납니다.

아무리 학식이 뛰어나고 높은 자리에 있어도, 주변 사람들과 화합하지 못한다면 삶의 의미와 재미와 행복이 사라집니다.

끝으로 인품자가 해야 할 일은 또 무엇이 있을까요? 책임감을 가지고 작선(作善)을 하는 것입니다. 개인일 때는 개인 차원에서 작선을 잘하고, 가족의 일원일 때는 가정에서 작선을 하고, 사회인일 경우에는 사회인으로서 작선을 잘해야 합니다. 또 국민일 때는 국민으로서 세계인일 때는 세계인으로서 우주에 나가면 우주인으로서 할 일을 잘해야 된다는 것입니다. 작선은 역할을 수행하는 것을 말합니다.

인품자가 반드시 해야 할 일은 반드시 이런 일상의 소소한 역할들을 잘해야 하는 것이지요.

함께 생각해 보겠습니다.

'내가 우리 모두의 행복을 위하여 수심 잘해서 마음 천국 만들고, 화합 잘해서 관계 천국 만들며, 작선(역할) 잘해서 세상 천국을 만들어 간다.' 고 한다면 그 인품이, '지고한 인품'이라고 할 수 있는 것입니다.

이 다섯 가지 원리는, '대단히 상식적이고 누구든 그것을 들으면 부정할 수 없이 지극히 당연한 것이다.' 하게 되는 그런 가치관입니다.

그리고 이 다섯 가지 원리를 들여다보면, 세상을 살아가고 있는 사람들은 거의 이 다섯 가지 범주 안에서 살고 있음을 알 수 있습니다. 그래서 여러분들에게 진정으로 이 원리(原理)를 권하는 것입니다.

이 다섯 가지 원리가 몸에 배어 습관이 되고 생활화 되어, 그것이 삶에서 드러나는 그런 인품자가 되자는 말입니다. 이런 인품이 되면 누구보다 먼저 자신이 스스로를 존경할 수 있고, 가까운 주변 사람들로부터 존경을 받게 되는 것입니다.

'스스로를 존경하는가, 가까운 주변인들로부터 존경을 받게 되는가.' 이 두 가지는 가장 어렵고, 가장 확실한 인품자라는 증거입니다.

아무리 많은 사람들이 훌륭하다고 하고 존경한다고 해도 가까운 사람이나 가족이, 그리고 자기 자신이 자기를 존경하기는 쉽지 않은 일입니다.

내가 나를 존경할 수 있는 수준까지 가는 것이 우리 모두의 인품 형성 목적이 되어야 하지 않겠습니까? 이런 사람이야말로 지고한 인품자라고 할 수 있겠지요.

삶의 5대 원리를 실천하는 인품자

다시 한번 복습해 보겠습니다.

"세상의 주인(主人)이요. 무아(無我)인 이 일물(一物)이 모두의 행복해 탈(幸福解脫)과 맑고 밝은 상생(相生) 기운을 위하여, 나의 전 존재, 전 에너지를 기(起)하여 전(傳)하오니 무량한 복덕이 향상되소서." 하고 발원(發願)을 하는 사람!

이러한 신념이 의식의 토대로 되어 있는 사람이 우리들이라면, 얼마나 살기 좋고 아름다운 세상이 되겠습니까?

다음은 수심(修心) 잘해서 마음 천국을 이루는 것입니다. '그냥 있으니 돈망천국이요. 한 생각 일으키니 범사가 감사요. 넘치는 행복이로다.'

이것이 진정한 인품자의 모습이 아니겠습니까?

관계 차원에서 내가 보는 눈을 책임짐으로써 모두가 천사로 보이고, 내 보이는 모습을 책임짐으로써 다른 사람이 내 모습을 보면 존중과 존경심 이 우러나도록 합니다. 그러면 자연히 화합이 되는 것이지요.

그리고 나의 역할입니다. 가정에서의 역할, 개인으로서의 역할, 사회 속 에서의 역할, 그 역할들을 조용히 척척 해가는 것입니다.

이렇게 살펴보면 당나라 시대의 인품 기준인 신언서판(身言書判)은, 삶 의 5대 원리의 부분 집합이라 할 수 있습니다.

현인들이 사는 곳

오지의 문화를 연구하던 학자가 현인들이 살고 있다는 마을을 어렵게 찾아내었습니다. 그리고 그들과 함께 생활하며 그 삶의 모습을 관찰해 보 았습니다.

그들은 상대에게 자기주장을 내세우는 사람이 없었습니다. 모두 서로 의견을 존중하며 자신의 견해를 조심스럽게 말했습니다.

또한 큰 소리로 말하는 사람이 없었고, 나이에 상관없이 서로 평등하게 대하는 것이었습니다. 연장자를 무시하거나 아랫사람을 함부로 대하는 사람이 없었습니다. 모두가 평화롭고 자율적이며 각자의 삶을 존중하고 배려하는 공동체 모습이 돋보였습니다.

언제나 큰 소리 나는 일이 없이 조용하던 마을에 어느 날, 한 사람의 부주의로 불이 났습니다. 그러자 여기저기에 흩어져 있던 마을 사람들이 모두 물을 들고 달려와 불을 껐습니다. 하마터면 마을 전체가 불에 탈 뻔한 일이었습니다. 자신의 부주의로 불을 낸 사람은 어쩔 줄을 모르고 미안한 표정을 지었습니다.

하지만 마을의 촌장을 비롯한 누구도 그에게 화를 내거나 비난하는 사람이 없었습니다. 그리곤 모두 불을 낸 사람의 어깨를 다독이더니 천천히 돌아갔습니다.

언제 그런 일이 있었냐는 듯, 마을엔 다시 평화가 찾아왔습니다.

학자는 촌장에게 말했습니다. "아니 어떻게 불을 낸 사람에게 한 마디 지적도 않으십니까? 잘못한 사람을 사과라도 시켜야지요? 촌장님, 당신은 마을에서 일어나는 모든 일에 책임을 지고 권한을 행사해야 합니다."

"이미 그 사람은 자신에게 벌을 내렸고 사과를 했습니다. 그가 미안한 표정을 짓고 있는 것 못 보셨습니까?"

"미안한 표정을 지으면 그가 잘못한 일이 사라지는 건가요?"

"우리 마을에서 가장 부끄러운 일이 무엇인지 아십니까? 누군가를 부끄럽게 하는 일입니다. 불을 낸 건 그가 아니라 우리였지요. 그곳은 조금만 부주의 하면 언제라도 불은 날 수 있었던 것입니다. 누구에게라도 일어날 수 있는 일이, 그에게서 일어난 것뿐입니다. 미리 막지 못해서 그 사람을 놀라게 했으니, 우리의 잘못이 큽니다."

마무리와 3행시

　여러분도 지금 오지의 현인처럼 그렇게 살고 계시지요. 상대의 잘못을 지적하기보다는 공감, 지지, 격려하면서요.

　동사섭의 인품론인, 정체, 대원, 수심, 화합, 작선의 5대 원리를 공부한 공덕으로, 모두 지고한 인품자가 되시기를 기전향(起傳向) 드립니다.

　　　　　　오늘은 '공동체' 3행시로 마치겠습니다.

　　　공 : 공동체란 나와 한 사람 이상이 함께하는 곳입니다.

　　　동 : 동병상련하며 행복을 위해 함께 노력하는 곳이지요.

　　　체 : 체벌이나 포상을 하지 않아도, 서로의 든든한 의지처가

　　　　　되어주는 곳, 그곳이 바로 동사섭 인품자가 사는

　　　　　공동체입니다.

　　　고맙습니다. 사랑합니다. 축복합니다. 행복하세요.

동사섭 로고

동사섭 로고는
동사섭의 바탕철학을
나타내고 있다.

행복을 형상화한 것이다.

원을 가로축으로 나누어
아래쪽은 존재축
위쪽은 가치축

가치축의
왼쪽은 긍정가치
오른쪽은 부정가치이다.

존재축을 올리면
시비 없이 존재로만 살아가니
온전한 평화가 온다.

긍정적 가치를 넓혀 가면
자유와 해탈이다.

우리는
존재축을 올리고
긍정가치를 넓혀가야 한다.

동사섭이 지향하는 인품의 목표이고
동사섭의 바탕철학이다.

48강 동사섭 로고
존재를 긍정하고 사랑으로 접근하라

 지난 이야기

지난 시간에는 '동사섭 인품론'에 대한 이야기를 나눴습니다.

동사섭 인품론 하면 '삶의 5대 원리' '이상공동체5요' 생각나시지요.

자신에 대해 자신감과 자존감을 가져야 한다는 정체, 이런 내가 우리 모두의 행복을 위하여 살아가자는 대원, 그리고 내 마음을 언제나 평화롭고 행복하게 닦아가는 수심, 주변 사람들과 화목하고 사이좋게 지내는 화합, 또 살아가려면 누구나 일을 해야 하는 합니다. 책임 있게 스스로 일을 해나가고 도움을 줄 줄 아는 작선

작선까지 잘한다면, 나는 물론 천국에서 살게 될 것이고 우리 모두가 지상낙원에서 살게 되겠지요. 우리들의 현재와 미래의 모습이라고 생각됩니다.

동사섭 로고

오늘 여러분들과 나눌 이야기는 "동사섭의 로고"입니다. 이 동사섭 로고는 동사섭 전체를 나타낼 수는 없지만, 동사섭의 바탕 철학을 나타내고 있습니다. 로고를 한 번 그려보겠습니다.

손을 들어 원을 그려 보십시오. 원을 그렸으면 원 가운데에서, 가로축으로 선을 그어 원을 둘로 나누어봅니다. 원이 두 쪽으로 나누어졌지요.

다음에는 위쪽의 반원의 중간에서, 세로축을 내려긋습니다. 이렇게 되면 원이 세 쪽으로 나누어질 것입니다. 이렇게 말입니다.

이것이 동사섭 로고이고, 이 동사섭 로고를 가지고 우리의 삶을 이야기하려고 합니다.

일단 인생은 행복론(幸福論)입니다.

동사섭 로고도 바로 행복을 형상화해보는 도구이지요.

존재론

그런데 행복을 이야기하려면 존재론부터 시작해야 합니다.

왜 그럴까요? 행복이니 불행이니 하는 것들은, 내 마음이 무엇인가를 대상으로 했을 때, 내 마음과 대상이란 존재에서 만들어지기 때문입니다. 내가 대상을 어떻게 보느냐에 따라 행, 불행이 결정되는 것입니다.

그러면 세상을 어떻게 보는 것이, 행복에 가장 도움이 되겠습니까? 사실 이것은 대단히 중요한 주제입니다. 그래서 방금 동사섭 로고를 세 쪽으로 그렸듯이, 세상을 바라보는 관점도 세 축으로 나누어서 보는 것입니다.

이 세 축 중에서 아래쪽 반원 축은 무엇에 비유하면 좋겠습니까? 세상을 바라볼 때 우리들은 가장 먼저 어떤 존재를 만나게 됩니다. 이 존재를 처음 만나는 순간은 내 주관이 끼어들지 않습니다. 주관이 끼지 않고 존재를 만난다는 것은, 아주 짧은 순간입니다.

내가 아무 사념을 갖지 않고, 아무 주관성 없이 세상을 볼 때, 세상 전체가 그냥 비추어져 오는 순간이 있습니다. 이 순간이 바로 존재로만 보이는 순간이고, 세상의 모습입니다.

찰나에 느끼는 존재

그 순간 후에 사람들은 그 존재에 바로 가치 부여를 합니다. 그렇게 가치부여를 했다 하면, 필히 그 가치는 긍정가치와 부정가치, 두 가지로 나뉘게 되지요.

사람들은 이 세상을 어떻게 받아들이면서 살고 있을까요? 일차적으로는 존재 측면으로 받아들입니다. 그냥 있을 때, 세상을 한번 떠올려 보면, 일순간 세상을 주관적으로 해석하지 않고 그대로 느끼게 됩니다. 그 순간이 세상을 존재 차원으로 받아들이는 것입니다.

그 찰나의 순간이 지나면 우리들은 세상에 존재하는 모든 것들에 대해, 자기 속에서 긍정가치와 부정가치로 나누어보게 됩니다.

가로축을 높이기

그래서 동사섭 로고를 이렇게 세 축으로 나누게 되었습니다.

만일 여러분들이 가로축을 점점 높여간다고 해봅시다. 그러면 존재축만 남게 됩니다. 그래서 우리들이 궁극적으로 해봄직한 일이 있다면 아예 가로축을 위로 쑥 올려서 존재로만 느끼는 일입니다.

순수하게 존재로만 느껴지는 것으로, 우주를 받아들이는 마음을 한 번 상상해 보세요.

그렇게 되면 우주에 대해서 '좋다 나쁘다 옳다 그르다' 하는 일체의 시비, 미추, 진위 단위의 상대적인 평가 없이 온전히 그대로 가치 여하를 뛰어넘어 존재만을 대하고 있으니 그 마음이 지극히 평화롭습니다.

그래서 영성촌(靈性村)에서는 이 존재축을 그대로 느끼는 것, 즉 나의 주관성을 끼워 넣지 않고 존재를 어떻게 그대로 느낄 수 있겠느냐? 하는 것을 중대한 목표로 여기게 됩니다.

모든 영성 문화에서는 대체로 그렇습니다. 우리들이 하고 있는 동사섭이라고 하는 영성 문화촌에서도 존재를 그대로 받아들일 수 있는 상태를 가장 높은 경지로 여깁니다.

세로축

그다음에 세로축을 이야기하겠습니다.

사람들은 불가피하게 세상을 존재축으로만 보지 못하고 수없는 플러스와 마이너스로 가치평가를 한다고 했습니다.

원 모양의 동사섭 로고에서, 원의 아래쪽은 존재축이고, 위쪽이 가치축인데 이 가치축을 둘로 나누어서, 왼쪽이 플러스 가치이고, 오른쪽이 마이너스 가치라고 해 봅니다.

그런데 이 플러스 축이 계속 오른쪽으로 넓혀갑니다. 그러면 무엇이 남겠습니까? 가치 축에서 마이너스 가치 쪽은 그 영역이 점점 줄어들면서 플러스 가치만 남게 됩니다.

그래서 플러스 가치로만 느껴진다면 괜찮습니다. 왜 그럴까요? 이 마음이 아주 긍정적이 되기 때문이지요. 그래서 존재로만 바라보면 초월적인 의식을 경험하게 되고, 플러스 가치로만 바라보면 긍정을 경험하게 됩니다. 초월을 경험하고 긍정을 경험하면 갈등이 없습니다. 오로지 행복입니다.

그런데 사람들은 대수롭지 않게 부정적인 가치로, 세상을 바라본다는 말입니다. 그래서 사는 게 심각해지고 세상이 골치 아파지는 것입니다.

인생이 만만하지 않은 것은, 마이너스 가치로 바라보기 때문에 문제가 생기는 것입니다. 그럴 때 우리들이 해야 할 일 1번은, 존재로 관조하려고 노력해야 된다는 것입니다. 그리고 가치로 본다 하면 플러스 가치로 보려고 노력하면 됩니다. 그 방법은 다양하게 있겠지요.

플러스로 보는 렌즈

그런데 여기에서 방법론을 다 다룰 수는 없으니, 여러분들에게 그 방법론을 화두로 던집니다. 그리고 마이너스로 느껴지는 부분을 어떻게 극소

화시켜 볼 수 있겠느냐 하는 것을 조금 덧붙여 보면 좋겠습니다.

여러분이 세상을 보고 '좋네, 나쁘네' 하는 것은 자신의 주관이라는 것만 확실히 이해하면, 마이너스 부분에서 많이 벗어날 수 있습니다.

우리에게 세상이 나쁘게 보이고 저것이 나쁜 놈으로 보일 때는, 내가 주관적인 렌즈로 그것을 그렇게 보고 있는 거다. 생각하시라는 말입니다.

탈모로 고민하는 사람이 있었습니다. 어느 날 문득, 거울을 보니 전혀 다른 사람처럼 느껴졌습니다. "이러다 대머리가 되면 어쩌지?" 가만히 있을 수가 없었습니다. 탈모 치료를 받기 위해 병원을 찾았습니다.

"스트레스가 많으셨죠?" "네, 좀" "스트레스가 만병의 근원입니다." "탈모도 병인가요?" "그럼요." "진작에 오셨더라면 좋았을 텐데요." 안타까워하는 의사를 뒤로하고 진찰실을 나왔습니다.

억울한 마음으로 복도를 걷고 있는데, 머리가 다 빠진 환자가 고개를 푹 숙이고 휠체어를 타고 지나갔습니다.

그런데 왠지 낯익은 얼굴 같았습니다. '혹시?' 하고 뒤를 돌아보는 순간, 얼굴이 딱 마주쳤습니다. "아!" 서로 반가워 손을 맞잡았습니다.

가끔 생각나며 보고 싶던 학교 때 단짝 친구였습니다.

"어떻게 된 거야?" "으응… 지금 항암치료를 받고 있는 중이야."

"아니, 어쩌다가."

"증권사에서 일을 했는데, 신경을 많이 쓰고 과로가 겹치다 보니, 소화가 안 되는 거야. 그래서 병원에 왔더니… 암이래." "저런."

"항암치료를 받다 보니 머리가 다 빠졌지 뭐야. 내 꼴이 우습지?"

"무슨 소리야. 넌 그대로야. 머리털은 건강이 회복되면 다시 날 텐데. 무슨 걱정이야."

"그럴까?" "그럼." 왠지 확신에 찬 대답을 해줘야 할 것 같았습니다.

"넌 이곳에 웬일이니? 어디 아파?"

"아, 아니... 그냥 아는 사람이 입원해 있어서 병문안 왔어."

"그렇구나. 너도 건강에 신경 써라. 아프고 나니 아무 소용없더라. 건강이 최고야."

"암 그렇고 말고, 얼른 회복해라. 머리털이 중요한 게 아니고 병이 낫는 게 중요하지."

"그래, 고마워. 너를 만나니 힘이 난다. '암만 나으면 되지.' 하면서도 머리털에 신경이 쓰였거든."

"무슨 소리야. 암만 나으면 머리는 바로 날거야. 넌 멋진 내 친구야. 언제나 명랑하고 힘세고 유쾌한..."

병원문을 나오며 대머리 걱정은 싹 사라졌습니다. 친구를 위로하는 말이 자신에게 큰 가르침과 위로가 된 것입니다.

마이너스로 보이는 렌즈

그다음, 또 이런 관점으로도 볼 수 있습니다.

저놈이 나쁘다고 하게 된다면, 진실로 그러한가는 '부처님이나 알고 하나님이나 아시는 것이지.' 사람들은 정말은 잘 모르는 법이다. 그렇게 생각을 해 보십시오. 그러면 마이너스라고 여겨지던 것이 플러스에게 자리를 양보합니다.

그다음에 또 마이너스로 여겨졌을 때, 이렇게 생각해 보십시오.

'저놈이 아주 나쁜 짓을 하고 있다.' '아주 나쁜 놈, 벌 받을 놈이다.'로 여겨지면, '그 사람은 지금 중요한 체험의 과정에 있는 거야.'라고 생각을 해 보는 것입니다.

이처럼 가치축에서 관점을 조금 바꿔보게 되면, 마이너스라고 여겨졌던 것들이 수용되고 이해됩니다. 그리고 확실한 부정 가치라고 해봅시다.

그때 우리들이 할 일은 무엇이겠습니까? '저놈, 나쁜 놈, 죽일 놈.' 하기보다는 그 사람을 자비의 대상으로, 따뜻한 가슴과 사랑으로 안아주면서 도와주어야 할 사람이라고 생각하면서 접근하는 것입니다.

바라보이는 세상과 함께 살아가는 사람을, '어떻게 바라보고 살 것이냐?' 하는 것은 우리들의 몫입니다.

오르막길과 내리막길

스승과 제자가 함께 길을 걷고 있었습니다. 걷다 보니 내리막길이 나왔습니다. "이 길이 무슨 길이냐?" "네. 내리막길입니다." 조금 걷다 보니 오르막길이 나왔습니다. "이건 무슨 길이냐?" "오르막길입니다."

한참 가다 보니 평지가 나왔습니다. "이건 무슨 길이냐?"

"평평한 길입니다." 신이 나서 말했습니다. 다시 오르막길이 나왔습니다. "이건 무슨 길이냐?" "네, 오르막길입니다."

"아니다. 내리막길이다." "네에" 걷다 보니 이번엔 내리막길이 또 나왔습니다. "이건 무슨 길이냐?" "네, 내리막길입니다."

"아니다. 오르막길이다." "스승님, 왜 자꾸 반대로 말씀하십니까?"

바로 그때, 올라오는 사람들이 있었습니다. "힘들다. 그지?" "그러네. 오르막길이 아주 가파르네." 하면서 지나갔습니다.

"보아라. 내게는 내리막길이지만 다른 이에게는 오르막길일 수가 있는 것이다. 내려가는 길이 없다면 어찌 올라가는 길이 있겠느냐? 올라가는 길이 없다면 어찌 내려가는 길이 있겠느냐? 우리는 순간순간 눈앞에 닥친 경계만을 쫓아가지만, 그 본질 속에는 미리 정해진 것이 없는 것이니라. 다름을 쫓지 말고 본질을 깨달아야 하느니라."

어떻게 하면, 세상을 보다 긍정적으로 바라볼 수 있을 것인가? 이것이, 우리에게 주어진 화두이고 '동사섭 로고'의 진정한 의미입니다.

오늘은 '동사섭' 3행시로 마치겠습니다.

동 : 동사섭은 상대와 처지를 같이 하면서
사 : 사랑과 자비를 실천하는 것입니다.
섭 : 섭섭한 마음은 사라지고, 행복의 길을 함께 가는 것이지요.

고맙습니다. 사랑합니다. 축복합니다. 행복하세요.

동사섭 총정리 말씀

행복해탈을 가로막는 것은
따로 있는 것이 아니다.
다만
자기 생각이 그것을 가로막을 뿐이다.

그래서 한 생각 바로잡는 것이,
동사섭의 가르침이요,
행복해탈의 길이다.

생각 바로잡는 길이 무수하지만
단연 1번은
자아에 대한 생각 바로잡기이다.

'나 있음의 관점을
'나 없음의 관점'으로 바로 잡는 것이다.
'나없음'을 깨닫는 것,
이것이 궁극의 길이다.

나라고 할 만한 것이 없음을 깨달은 내가
삶의 5대 원리를 잘 실천하여
세상 천국을 만드는 인품이 되는 것

이것이 '동사섭 총정리' 말씀이다.

-용타-

49강 동사섭 총정리
인생의 첫 단추는 가치관 정립이다

지난 시간에는 '동사섭 로고'에 대하여 이야기했습니다. 부제목이 "존재로 바라보고, 긍정으로 수용하며, 사랑으로 접근하라."였지요.

상징적으로 원 하나를 그려, 우리 삶이라고, 의식이라고 보았습니다.

반으로 나누어 아래쪽은 존재로, 위쪽은 가치로 나타냈습니다. 존재를 있는 그대로 보는 것, 그리고 존재를 평가 없이 보기 위해, 존재축을 어떻게 높여야 하는가를 사유해 보기도 했습니다.

위쪽 반원은 긍정과 부정의 가치평가를 나타냈습니다. 끝내는 부정가치를 하나씩 퇴출시켜 나가는 것이지요.

언제까지 그렇게 할까요? 부정적인 생각이 사라져, 마음에 들어오지 못할 때까지 해야 합니다. 모든 것을, 존재로 바라보고, 긍정으로 수용하며 사랑으로 접근할 수 있을 때까지 해야 합니다.

동사섭 총정리

이제 동사섭 행복특강이 막바지에 왔습니다. 특히 이번 강의는 동사섭 제목이 붙은 시리즈의 마지막 편으로 '동사섭 총정리'입니다. 이번 말씀도 가슴에 간절하게 자리하고 있는 이야기입니다.

지금까지 강의를 들어주신 것에 대해 깊은 감사의 마음을 올리며, 다음 세 가지 말씀을 여러분들께 정리해 드리려고 합니다.

우선 촌철을 하나 떠올려 보겠습니다. '맨 소리가 참 소리되고, 맨 마음이 참마음 된다.' 이것이 이 강의의 결론입니다.

이 결론은 끝에 이야기하기로 하고, 나머지 두 가지 이야기를 먼저 하겠습니다. 두 번째, 동기입니다. 어떤 것을 행하든지 그것을 잘 행하려는 배경의 동기가 제대로 서있어야 합니다. 특히, 마음공부는 그 동기가 취약하면 꾸준히 공부해나가게 되지를 않습니다.

그런데 '마음공부를 꼭 해야겠구나!' 하는 결심을 하게 되면, 해보려는 노력을 하게 되는 것입니다. 내 혼과 내 DNA는 무한 자유(自由), 무한 자비(慈悲), 무한 자재(自在)를 간절히 소망하는데 그것이 이루어질 수 있기 때문입니다.

우리의 마음은 무한 가능성을 가지고 있습니다.

그렇다면 내 가능성이 온전히 피어나서 무한 자유를 얻을 수 있다면 얼마나 좋겠습니까? 가슴 벅찬 일이지요. 우리의 마음은 알면 알수록 무한 가능성을 가지고 있습니다.

그렇다면 내 가능성이 온전히 피어나서 무한 자유를 얻을 수 있다면 얼마나 좋겠습니까? 무한 자유의 가능성은 누구에게나 있습니다.

그래서 혼과 DNA는 당연히 절규합니다. "주인님, 정말로 나 자유롭고 싶습니다. 무한 허공으로 날고 싶습니다. 나를 여기에 가두어두지 말고 풀어주어 무한허공으로 보내주십시오!" 하고 외치고 있습니다.

만일 그 절규를 외면한다면 그것은 최대의 책임유기(責任遺棄)이고, 우리가 책임유기(責任遺棄)자가 된다는 것은 참으로 유감이겠지요.

진정 책임유기를 하지 않고 내 혼이 바라듯 무한 자유가 되려고 한다면 우리들이 해야 할 일은, 세 번째, 그것은 가치관 정립입니다. 가치관 정립, 이것은 활구(活句) 중의 활구입니다.

왜 그럴까요? 사람이 사는 모습을 보면 한결같이, 생각하고 있는 것을 행동으로 드러내어 삶을 살고 있기 때문입니다. 자기 속에서 생각하고 있는 것, 가치관 정리를 잘한다는 것은, 삶을 잘 살게 된다는 것입니다.

사람의 삶은 2단계로 구성되어 있습니다.

먼저 마음속에서 생각이 일어납니다. 그렇게 생각이 일어났다 하면, 그 것을 삶으로 드러내는 것입니다. '내가 돈이 필요하다.'고 마음속에서 외 칩니다. 그러면 나는 필요한 돈을 찾아 나서게 되지요.

내가 영어를 잘해야겠다고 생각한 사람은, 서점에 가서 영어책을 사 오 게 되고, 영어 학원을 가거나, 요즘 같으면 유튜브에서 영어 강좌를 찾아 공부를 하게 됩니다. 그래서 어떤 가치관을 갖고 사느냐가 인생을 좌우하 는 핵심이 되는 것입니다.

석가모니는 이 가치관이 대단히 중요하다는 것을 알고, 팔정도(八正道) 라고 하는 여덟 가지 삶의 바른길을 열어놓았는데, 그 첫 번째에 정견(正 見)을 두었습니다.

정견이란 바른 견해 즉 바른 가치관이라는 말입니다. 그래서 여러분들 이 정말로 혼의 절규를 듣고 그 혼의 절규에 대해서 책임유기를 하지 않 고 살아가려면 '바람직한 가치관 정립'을 해야 한다는 말씀입니다.

바람직한 가치관 정립

그럼 어떻게 해야 바람직한 가치관을 정립할 수 있을까요? 인문학이 가 치관을 제공해주고 있는데, 세상에는 억만 가지 가치관이 있습니다. 가치 관 체계가 억만 가지가 있다 하면 어찌해야 되겠습니까? 본인이 선택해 야 합니다.

동사섭에서는 가치관 문제가 중요하다는 것을 알고, 고심과 사색을 거 듭하여 명확하게 잡아낸 가치관을 일단 5개로 정하였습니다. 행복마을 동사섭 수련장에서는 이렇게 강조합니다.

"이 5개의 가치관을 지녀라. 그러면 이 가치관대로 살아질 것이다. 이 가치관대로 살아진다면 행복의 극점, 해탈의 극점까지 올라갈 수 있을 것이다."

인류사에서 부처님과 예수님이 가르침을 주셨고, 뭇 성자들이 가르침을 주셨고 학자들이 가르침을 주셨습니다. 스승님께서는 그러한 가르침 전체를 다섯 개의 가치관으로 통합하고 정리해서 우리에게 내놓으신 것입니다. 이렇게 동사섭의 가치관이, 잘 정리된 바람직한 최고의 가치관임을 깨닫고, 장착하셔서 행복하게 살아가시기 바랍니다.

가치관의 첫째, 자아관

그 다섯 가지 가치관의 첫째는 자아관(自我觀)입니다. 바른 자아관을 가져라 하는 것입니다.

나란 무엇이냐에 대한 답을 수준 높게 내려야 한다는 것이지요. '나'란 무엇인가 하는 물음에 대한 최고 수준의 답은 "나는 초월자(初月者)이다." "나는 무규정자(無規程者)이다." "나는 무한부정(無限否定)이다."

이러한 자아관으로 무장되었다 하면 그 사람은, 허공처럼 빈 마음에 우주적인 에너지가 꽉 채워질 것입니다. 그렇게 되면 아픈 생명들을 위해서 보살핌을 실천할 수 있게 됩니다.

그래서 "이 일물은 무한 우주에 있는 유형무형, 유정무정, 모든 존재들의 행복해탈과 맑고 밝은 상생기운을 위하여, 이 일물의 전 존재, 전 에너지를 기하여 전하오니 무량한 복덕이 향상되소서." 하고 기도하면서 이 기도대로 실천하는 삶을 살 것입니다.

또 비아(非我)인 내가 할 일은 무엇일까요? 모두의 행복 해탈을 위해서 내 에너지를 바치는 것입니다. 그렇게 하기 위해서 할 일은 세 가지뿐입니다.

거듭 안으로, 수심을 잘해서 마음을 천국으로 만드는 것이 그 첫째요, 밖으로는, 이웃들과 화합을 잘해서 관계 천국을 만드는 것이 그 둘째이며, 셋째는 내가 해야 할 일들, 소임(所任)인 역할, 작선을 잘해서 세상 천국을 만드는 것입니다.

'정체(正體), 대원(大願), 수심(修心), 화합(和合), 작선(作善)' 이것이 모든 가치관을 통합한 '삶의 5대 원리'입니다.

가치관대로 관행하기

여러분들이 5대 원리와 같은 가치관으로 일단 무장을 했다 하면 그다음에 할 일은 무엇일까요? 가치관대로 관행(觀行)하는 것입니다.

자지 자신이 가치관대로 잘하고 있는지 관찰하고 행동하는 것이지요.

가치관은 있는데 관행을 하지 않는다면 어떻게 되겠습니까?

돈 버는 방법은 알았는데, 돈 버는 행동을 하지 않는다면 아무 소용이 없습니다. 공부 잘하는 방법을 알았다면, 그 방법대로 공부를 해 봐야 합니다. 다른 묘수가 있을까요? 없습니다.

수학에는 왕도(王道)가 없듯이 인생에도 왕도가 없습니다. 그냥 꾸준히 관하고 행하는 겁니다. 그리고 공부 시간을 특별히 만들려고 하지 마십시오. 자투리 시간에 도인이 되어야 합니다. 버스 기다리는 5분 동안에, 가만히 내 속에 있는 가치관대로 명상을 하는 겁니다. 그렇게 반복, 반복합니다. 이렇게 5대 원리를 반복하다 보면, 맨 소리가 참소리가 되고 맨 마음이 참마음이 됩니다.

우리들이 이러한 마음을 가지고, 인간으로 살아간다고 하는 것은 진정 복 중의 복입니다. 복 받은 이 소중한 마음을, 우주적인 자유가 느껴질 수 있도록 만들어야 하지 않겠습니까? 그러기 위해서 첫 번째, '맨 소리가 참소리 되고, 맨 마음이 참마음 된다.'는 촌철과 두 번째, 마음공부를 해야 하는 동기와, 세 번째 삶의 5대 원리를 가치관으로 정립하는 것, 이 세 가지 중요성을 꼭 유념해야 합니다.

말하는 대로

어느 마을에 새로 문을 연 음식점이 있었습니다. 다른 곳보다 유별나게 음식이 맛있거나, 특별한 것이 있는 것 같지는 않은데 손님이 늘 많았습니다. 주인은 손님맞이에 바빠 시간 가는 줄을 모를 지경이었습니다.

그러던 중, 장에 갔다가 오랜만에 이웃 마을 친구를 만났습니다. 반갑게 인사를 하니, 친구가 대뜸 물었습니다. "요즘 장사가 잘된다며?" 그러자 음식점 하는 친구가 정색을 하며, "무슨 소리야?"

"사람들이 그러던데. 자네 음식점이 문을 연 뒤 매일 발 디딜 틈이 없다고..." "아, 아니야" "그럼, 그게 다 헛소문인가?"

"그래. 우리 가게 다 망했어. 손님이 오지 않아 파리를 날리고 있어."

"정말로." "그, 그 그렇다니까." 그렇게 씁쓸한 표정을 지으며 두 친구는 헤어졌습니다. 그런데 참으로 이상한 일이 일어났습니다. 그날 이후로 그렇게 사람이 많던 음식점에 이상하게 사람 발길이 뚝 끊기고, 주인의 말처럼 파리만 날리고 거의 문을 닫을 지경이 되어버렸습니다.

"그래, 우리 가게 다 망했어, 손님이 오지 않아 파리를 날리고 있어."

그 소리를 누가 들은 것일까요? 우주에는 무엇이 있다고 했지요? 기적의 에너지가 있습니다.

오랜만에 만난 친구가 사심 없이 축하해주려고 물은 것인데, 혹시나 하는 걱정에 친구에게 감추려 한 말이 씨가 된 것입니다.

그때 이렇게 말을 했으면 어땠을까요? "아이고 모두 이웃들이 도와주는 덕분일세. 언제든 한번 꼭 찾아주게. 밥 한 상 차려 잘 대접하겠네."

'밤말은 쥐가 듣고 낮말은 새가 듣습니다.'

내 생각이 내 말을 만들고, 내 말이 나의 현실을 만든다는 것을 잊지 않아야겠습니다.

마무리와 3행시

내가 어떤 가치관을 가지고, 어떻게 말하며, 행동하느냐가 나의 운명을 결정합니다. 동사섭의 삶의 5대 원리를 마음에 잘 장착하시어, 나와 우리 모두의 행복을 일구는 행복 농군이 되시길 빕니다.

오늘은 '가치관' 3행시로 마치겠습니다.

가 : 가치관이란, 내가 어떤 생각과 마음으로 살아갈지를
　　정하는 것입니다.
치 : 치심이 발동하여 나도 괴롭고, 남도 괴롭히는 것이 아니라
관 : 관심의 지평 위에, 가치관을 정립하고
　　꾸준히 관행을 하는 것입니다.

고맙습니다. 사랑합니다. 축복합니다. 행복하세요.

당신이 꿈을 포기하지 않으면 꿈도 당신을 포기하지 않습니다.

인생 삼중주

인생 일중주는
아침에 눈을 뜨면
그냥 있으니 돈망천국이요 하며
그냥 있음의 여유와 행복을 느껴보는 것

인생 이중주는
한 생각 일으키니 지족천국일세 하며
나를 둘러싼
지천의 감사거리에 감사하는 것

인생 삼중주는
일터에 나아가니 신나는 구현천국이로다 하며
내 할 일을
자재롭게 해나가는 것

세상에 태어나
우리가 해야 할 일은
이렇게
인생 삼중주를 연주하며
행복하게 살아가는 것이다

50강 인생 삼중주
동사섭이 권장하는 최고의 인생살이

지난 시간에는 '동사섭 총정리'에 대한 이야기를 나누었습니다.

첫 번째는 '맨 소리가 참소리 되고 맨 마음이 참마음 된다.'였지요. 별로 하고 싶지 않더라도, 들으면 힘이 나고 기분이 좋아지는 말을 그냥 하는 것입니다. 저절로 참마음이 되어질 때까지.

그리고 마음에 없더라도 상대에게 좋은 마음을 보내는 것입니다. 그러다 보면 나도 모르게 좋은 마음이 생기고, 좋은 말을 진심으로 하게 된다는 것이지요. 그래서 그것이 현실을 바꾸는 힘이 될 수 있는 것입니다.

두 번째는 마음공부를 꼭 해야겠다는 동기가 있어야 합니다. 어려움에 처해본 사람만이 그 어려움을 극복하기 위한 지혜가 생기게 되는 것이지요. '나는 마음공부를 해서, 반드시 이 어려움을 극복하고 행복해질 거야.' 하는 절실한 동기가 있어야 행복해지기 위한 수행을 해낼 수 있는 것입니다.

세 번째는 행복하게 살기 위하여 삶의 가치관을 정립하는 것입니다. '삶의 5대 원리', '이상공동체5요'와 같은 가치관을 마음에 장착하고 사신다면 하루하루가 행복으로 이어집니다. 신념만 확고하다면 못 해낼 일이 없는 것이지요.

인생 삼중주

오늘 우리가 공부할 주제는 '인생 삼중주'입니다. 인생 삼중주라, 느낌이 좋으시지요? 인생이 음악처럼 들립니다. 인생을 음악이라고 생각한다면, 그보다 더 좋을 수는 없을 것입니다. 매일이 오케스트라 연주와 감상의 삶이 된다면 바랄 것이 없겠지요.

삼중주라고 하면 가장 중요한 것은 일중주, 다음이 이중주, 그리고 마지막이 삼중주이겠지요.

그런데 사람들 사는 모습을 보면, 가장 중요한 일중주와 두 번째인 이중주를 무시해버리고, 그냥 세 번째 단계인 삼중주 하나로만 살아가려고 합니다.

그렇게 삼중주로만 사는 나머지 보다 행복할 수 있는 인생을, 불행을 끌어안고 행복은 가끔 누리며 사는 것입니다. 그래서 이 '인생 3중주'를 무대에 올리게 되었습니다.

일중주는 돈망(頓忘), 이중주는 지족(知足), 삼중주는 구현(具現)입니다. 이 세 개념을 마치 시조를 읊듯이 하면 좋습니다.

"그냥 있으니 돈망천국이요. 한 생각 일으키니 지족 천국일세. 일터에 나아가니 신나는 구현 천국이로다." 이것이 바로, 행복이란 탄탄대로를 가게 하는 '인생 삼중주'입니다.

건져야 할 가르침

그러면 여기에서 우리들이 건져야 할 의미와 가르침은 무엇일까요? 느낌이 오시지요. 아침에 잠을 깨면 어떠십니까? 보통은 깨자마자 오늘 해야 할 일이 생각나고, 일터에 갈 준비를 하고, 일터를 향해 마음부터 마구 달려갑니다. 몸이 그 마음을 안고 허둥지둥 뛰어가게 되지요. 그리곤 일터에 가서, 일하는 것만으로 오늘 하루를 꽉 채워버립니다.

이러한 삶의 패턴은 인생 삼중주 중에서, 일중주와 이중주를 빼버리고 삼중주로만 사는 모양이 됩니다. 눈에 보이는 목적과 목표만을 위해 일을 하다, 힘에 부쳐 좌절하고, 삶이 불행해지고 재미없어진다는 것이지요.

그렇게 되지 않으려면 어느 것에 먼저 내 마음을 두어야겠습니까? 일중주와 이중주에 먼저 마음을 두어야 합니다. 일터에 가기 전에 나의 몸과 마음을 든든하게 돈망과 지족으로 채워주는 것입니다.

일중주, 돈망(그냥 있음)

누구나 하루가 시작되면, 당연히 오늘 내가 할 일들을 해야 하는 것을인생 삼중주라 표현했습니다. 삶을 크게 보고 여유 있게 살라는 것이지요.

우리에겐 일터에 가기 전에 약간의 시간이 있습니다. 그때 일중주를 먼저 연주하는 것입니다. 눈을 뜨면 '그냥 있으니 돈망천국이요.' 라는 말을 떠올리며, 그냥 있음의 여유와 행복을 느껴보는 것입니다.

그냥 있는다. 하면서 지금 여기(here and now), 나라는 존재를 충분히 느끼며 행복한 미소를 지어 봅니다.

삼중주 쪽으로 달려가서 일을 하려면 많은 에너지가 필요한데, 그 에너지를 일중주에서 빵빵하게 차오르게 하는 것입니다.

빙그레 미소 지으면 '아, 내가 지금 그냥 있는 삶을 살고 있구나!' 그렇게 그냥 존재하고 있음의 무한한 에너지를 느껴보는 것입니다.

사실은 '그냥 있는다.'의 느낌을 제대로 느끼는 것이, 인생 백 년의 시간 중에서 궁극적으로 우리가 해내야 할 일입니다. 이 일은 어찌 보면 대단히 쉽고 평이한 일입니다. 눈을 뜨면 다른 어떤 것도 하기 전에, 우선 편안한 마음으로 일중주인 '그냥 있는다.'부터 해보는 것입니다.

이중주, 지족(감사)

다음에 이중주를 합니다. 이중주는 한 생각을 일으키는 것입니다.

한 생각을 일으켜서 자신도 한 번 관찰하고 주변도 관찰해봅니다. 관찰해보면 감사한 것들이 지천(至賤)으로 널려 있습니다.

그래서 '그냥 있으니 존재 차원에서 천국을 느끼고, 한 생각 일으켜서 주변을 둘러보며 감사한 것을 찾아 감사합니다.'를 하는 것입니다.

우선, 오늘도 이렇게 건강하게 숨 쉬고 있으니 감사하고, 씻을 수 있고, 먹고 입을 것이 있으니 감사하고, 갈 수 있는 일터가 있으니 감사하다. 이런 감사거리가 무한 우주에 쫙 깔려있음을 하나씩 떠올려 확인해보는 것입니다.

'그냥 있으니 돈망천국이다.'하는 것을 느끼고, 한 생각을 일으켜서 감사하면 그것만으로도 행복에 넘칩니다. 행복에 넘치는 이 에너지를 가지고 일터로 가는 것입니다.

이런 에너지가 없이 바로 일터로 가서 일을 한다면, 감사한 일터가 힘든 일터로 변하고, 일거리 없음의 고통을 잊고 맙니다. 그래서 일어나기 전에 심호흡을 하면서, "그냥 있으니 돈망천국이요. 한 생각 일으키니 지족천국일세." 하는 것입니다. 일을 신나게 할 수 있도록 시동을 먼저 걸어두는 것이지요.

30초 룰

'30초룰'이라는 말 들어보셨나요? 경영 철학에 '30초 룰'이라는 것이 있습니다. 일터에 가서 바로 업무 이야기를 시작하지 않는다는 겁니다.

30초 정도 여담을 하여, 사무실의 분위기를 부드럽고 친근하게 하는 것이지요.

"음, 김 과장, 싱글벙글 기분 좋아 보이는데 집에 좋은 일 있어?" 이런 인사도 좋고, 또 누가 우중충하게 있으면, "이 과장, 오늘 내가 커피 한 잔 타줄까?" 이렇게 일과는 상관없는 덕담과 수희를 하는 것입니다. 이런 과정이 일을 위한 에너지를 충전해주는 일중주와 이중주입니다.

팀원들이 나타나자마자 "업무 시작!"하고 바로 업무 쪽으로 가는 것보다는 훨씬 하루를 즐겁고 여유 있게 시작할 수 있는 것이지요.

업무 1호 돈망, 지족

지금, 인생 삼중주를 함께 공부하고 있는 여러분들은, 일터에 가기 전에 아예 업무 1호를 돈망, 지족으로 정해놓습니다. "그냥 있는다. 그리고 생각해 보니 한없는 지족이요 감사로구나!"

행복마을에서는 아예 그렇게 약속을 해두었습니다. 업무 1호는 돈망, 지족입니다. 인생 삼중주에서 돈망 지족이라는 일중주와 이중주를 먼저 챙기고 일터에 나가 일을 하는 것으로 인생을 관리하신다면, 행복수위가 쑥쑥 올라가실 것입니다.

누구나 알고 있는 것

어느 수행자가 있었습니다. 그는 도를 찾기 위해 전국을 돌아다니며 훌륭하다는 스승을 찾아 질문을 던졌습니다. "스승님, 도대체 도가 무엇입니까? 진리가 무엇입니까?"

그러자 스승은 빙그레 미소를 지으며 이렇게 말했습니다.

"1+1은 2이니라." "아이고 스승님, 그건 누구나 아는 이야기입니다. 그런 말씀 마시고 정말 올바른 도를 말씀해 주십시오." 그러자 스승은 아무 말 없이 미소를 지을 뿐이었습니다.

수행자는 다시 전국을 떠돌다 더 훌륭하다는 스승을 찾아내었습니다. 그 스승을 찾아가 똑같은 질문을 던졌습니다. "스승님, 도대체 도가 무엇입니까? 진리가 무엇입니까?" 간절한 표정으로 스승을 바라보았습니다.

"3*3은 9이니라." "스승님 진짜 도를 말씀해주십시오. 누구나 아는 그런 이야기 말구요."

"그래? 그러면 다시 말해줄까, 6*6은 36이니라."

수행자는 인사도 안 하고 그만 자릴 박차고 나왔습니다.

"무슨 도가 1+1이고 3*3이야? 그런 건 어린 애도 다 아는 것인데, 도대체 나를 뭘로 알고..." 수행자는 낙심한 마음으로 이곳저곳을 떠돌며 더 훌륭한 스승을 찾아 헤매고 있었습니다.

그러다 마침내 전국에서 최고로 훌륭하다는 스승을 찾을 수 있었습니다. 너무나 기쁜 마음으로 한걸음에 달려가 그 스승의 방으로 뛰어 들어갔습니다. 그리곤 큰 소리로 물었습니다.

"스승님, 도대체 도가 무엇입니까? 진정한 진리란 어떤 것입니까?"

수행자는 너무나 간절한 표정으로 큰 스승을 바라보았습니다. 스승이 천천히 입을 열었습니다. "9*9는 81이니라."

수행자는 그만 그 자리에서 벌렁 누워 자빠질 뻔했습니다. 너무나 실망한 나머지 얼굴에 분노가 일어날 지경이었습니다.

"스승님, 말장난만 하지 마시고 진정한 도를 말씀해 주십시오."

그러자 스승이 이렇게 답했습니다.

"창가엔 바람 불고 문틈엔 햇살 가득, 소나무 숲에 솔향기가 솔솔, 갈대밭엔 갈댓잎이 흔들"

"아니 스승님, 창문이 열리면 당연히 바람이 부는 것이고, 갈대밭에선 갈대가 흔들리죠. 그것 말고 다른 것은 없습니까?"

"그렇다네 그것 말고 다른 것은 없다네."

"그렇게 쉬운 것이 도란 말씀입니까? 너무나 당연하고 누구나 아는 것인데도 말입니까?"

"당연하지, 어려운 것이 '도'라 생각하는 자네가 이상한 사람이네. 누구나 다 아는 것이 진리이지. 모를수록 어려울수록 진리라고 하는 것은 거짓 가르침이네. 눈앞에 있는 모든 것이 진리 아닌 것이 없으니 생각과 분별을 내려놓고 나와보게나."

수행자는 그제야 갈등을 멈추고 큰 스승께 정중히 삼배를 올렸습니다.

마무리와 3행시

그렇습니다. 진리란 특별하고 놀랍고 대단한 것이라고 믿고 살아온 수행자처럼 우리도 그런 생각들을 가끔 합니다.

하지만 진정한 도란, 특별하고 놀라운 것이 아니라 평범하고 쉽고 상식적이라는 가르침입니다.

상식을 뛰어넘는 그 무엇이 대단하게 여겨지는 세상이 불안한 곳이고, 모든 것이 단순하게 드러나 있으며 상식이 그대로 인정받는 세상이 진정 고차원의 세상인 것입니다.

누구나 특별한 존재로서 존중받고, 평등의 원리에서 함께 행복을 창조할 수 있는 세상, 사상과 이념, 출신과 학력으로 차별되지 않는 세상이 진정 아름다운 세상이겠지요. 우리가 만들어가야 할 세상입니다.

오늘은 '삼중주' 3행시로 마치겠습니다.

삼 : 삼중주란, '그냥 있으니 돈망천국이요. 한 생각 일으키니
　　　지족천국일세, 일터에 나아가니 신나는 구현 천국이로다.'
중 : 중요한 목적은 모두의 삶을 행복하게 하고자 함입니다.
　　　언제나 그냥 있음으로 시작하고 감사의 마음을 가지고 살며,
　　　신나게 일하는 것입니다.
주 : 주인의 마음으로 세상을 살고,
　　　인생 삼중주로 행복한 삶을 누리시기 바랍니다.

고맙습니다. 사랑합니다. 축복합니다. 행복하세요.

맑은 물 붓기

맑은 물은
갓 태어난 어린아이의 순수한 마음
깔깔거리는 행복한 웃음

이 순수한 마음에

교육이라는 이름으로
내 뜻대로 따르지 않는다는 욕심으로
생각이 다르다는 이유로
마구 상처를 주며 잉크 물을 부어댄다.

아이도 어른도 웃음을 잃었다.

다시 순수한 마음과
깔깔거리는 웃음을
되찾아줄 수는 없을까?
있다.
아주 쉬운 방법이 있다.

맑은 물만 부어주면 된다.

덕담, 지지, 격려라는 맑은 물
다독임, 위로, 칭찬이라는 맑은 물

물이 맑아지고
웃음이 넘쳐날 때까지
그저 맑은 물만 부어주면 된다.

51강 맑은 물 붓기
오염과 싸우지 말고 맑은 물만 부어라

시간이 흐르니 강의를 마무리하게 되는 날이 온다는 게 믿어지지 않으며, 참으로 감개무량합니다. '시작은 미약했으나 끝은 창대하리라.'

이렇게 오늘 51강으로 행복특강을 마무리할 수 있어 기쁩니다. 오늘의 이 기쁨은 삼박자가 맞아 이루어졌다고 생각합니다. 스승님 잘 만나 공부한 인연이 있었고 전달할 수 있는 기회가 주어졌으며 들어주신 여러분이 계셨습니다. 그중 가장 큰 힘은 바로 들어주시고 격려해주신 여러분들 덕분입니다. 참으로 고맙습니다.

어떤 일이든 목표를 가지고 1년을 꾸준히 해나간다면, 좋은 결과가 반드시 온다는 것을 확신하게 되었습니다. 그러나 이 모든 일이 혼자서는 할 수 없다는 것, 당겨주고 밀어주며 함께 해야 끝까지 할 수 있음도 확인했습니다.

지난 시간에는 인생 삼중주에 대한 이야기를 나누었지요? 모두 돈망 지족의 바탕 위에, 원하는 일 구현하는 아름다운 삶이 되시기를 기원합니다.

'하루하루 그냥 깨어서 존재하고, 매사에 감사와 만족을 하며 일터에서는 신나게 일할 줄 아는 삶을 만들어 가신다면 더 바랄 것 없는 아름다운 삶이 되시겠지요.'

맑은 물 붓기와 에미서리 공동체

맑은 물이 가득 담긴 이 컵, 보시기에 좋으시지요? 이 순간 우리가 나눌 주제는 '맑은 물 붓기'입니다.

맑은 물 붓기라는 도구는, 수련이나 행복명상을 마무리하는데 매우 좋은 도구입니다. 이 도구는 미국의 에미서리(Emissary)영성 공동체가 개발했습니다. 에미서리 공동체는 미국에 있는 오랜 역사를 가진 영성 공동체입니다.

스승님께서 1990년에 에미서리 공동체에서 주최하는 일주일짜리 세미나에 참석하셨는데, 그 세미나의 마지막 날, 이 맑은 물 붓기 도구를 활용한 강의로 큰 감동을 받으셨습니다.

그리고 감동과 함께, '아하, '이 맑은 물 붓기' 도구를 내가 하는 수련회에서 활용하면, 메시지를 세상에 전하는데 좋은 도구가 되겠구나!' 하는 생각을 하시게 되어 양해를 구했습니다.

"이 도구를 내가 한국에서 하는 수련회에 그대로 써도 되겠습니까?"

즉석에서 "sure" 하면서 승낙을 해주었습니다. 그때부터 이 도구를 사용하게 된것입니다. 에미서리 공동체에 무한한 감사와 무궁한 발전을 기원합니다.

맑은 물 붓기

그 후, 행복마을 수련회 때마다 '맑은 물 붓기'를 하고 있는데, 수련생들에게 큰 감동을 주고 있습니다.

수련 마무리로써 모두에게 깊은 사유의 기회와 함께, 수련 5박 6일의 가르침이 몸과 마음에 저절로 녹아들어, 깨달은 것을 잘 담아 갈 수 있는 시간이 되었습니다. 지금까지 수련 때마다 감동의 시간이었고 앞으로도 쭉 그렇게 이어질 것이라 여겨집니다. 그래서 스승님께서는 수련때마다 에미서리 공동체에 감사를 하십니다.

에미서리 공동체 지도자 중 한 분이 박유진 님인데, 현재 제주도에서 한국지부를 운영해나가고 계십니다. 여러분들도 인연이 되신다면 '에미서리 공동체'에서 열리고 있는 세미나에 참석해보시기를 권해 드립니다.

또 다른 큰 행복이 여러분을 맞아줄 것입니다.

맑은 물의 의미

이 유리컵 속의 물, 이것은 보시다시피 맑은 물입니다. 보시기에 좋으시지요! 이 맑은 물이 의미하는 것은 무엇일까요?

이것은 기독교 차원에서 보면, 하나님께서 우주 창조를 완료하시고 창조된 세상을 둘러보셨을 때 '보시기에 좋았다.' 하신 그 우주를 뜻합니다. 당신께서 창조하신 천하를 둘러보시니 깨끗하고 아름답고 좋았습니다. 이 컵 속의 맑은 물은 단 한 점의 오염도 없이 깨끗하고 좋은, 태초의 창조된 그 세상을 의미합니다.

또 불교 차원에서 본다면, 부처님께서 보리수 아래에서 깨달음을 얻으시고 '나는 부처다.' 하고 붓다선언을 하셨습니다. 그렇게 깨달음을 얻으시고 천하를 둘러보니 천하가 참으로 평화롭고 깨끗하고 좋았습니다. 그 평화롭고 깨끗하고 보시기에 좋은 천하가 바로 이 맑은 물입니다.

이 맑은 물은 깨달음을 얻었을 때 나타나는 본래 청정한 세상, 온전히 깨끗하게 좋은 그 천하, 그것을 의미합니다.

또 이것을 심리학적으로 본다면 어린아이의 마음에 비유할 수 있습니다. 갓 태어난 어린아이의 마음은 지극히 순수합니다. 세상의 그 어떤 것으로도 오염되지 않은, 어린아이의 순수한 마음, 태초의 마음을 의미한다는 것입니다.

이처럼 맑은 물이 의미하는 것은 많습니다. 우리들이 어떤 역할을 해서,

생각과 말과 행동이 모두의 행복에 기여한다면, 어떤 생각 말 행동들은 전부 맑은 물이 되는 것입니다.

넘치는 맑은 물

행복마을에서 진행되는, 수련회나 우리의 행복특강은 종교적이라기보다는 심리학적입니다.

그래서 심리학적으로 이 맑은 물은, 갓 태어난 어린아이의 마음이라 생각하고 출발을 해보겠습니다. 아기가 어머니 뱃속에서 열 달을 채운 후 세상에 태어납니다. "~으앙~"하고 고고의 일성을 울리며 세상과 만나게 되지요. 아기가 세상에 태어나 첫 번째로 지르는, 그 고고의 일성이야말로 맑은 물 중의 맑은 물입니다.

"야, 이 좋은 세상, 한 번 신나게 살다 가자!"하는 맑고 밝은 기운의 선언인 것이지요. 그랬더니 온 가족이 기쁜 마음으로 "왕자요, 공주요."하고 환영을 합니다. 그러니까 이 아기가 어떻겠어요? 기쁨이 막 넘쳐흐릅니다.

이번에는 '응가'를 했습니다. 응가를 하니까 "우리 공주, 우리 왕자, 이제 응가까지 하시네."하면서 환호를 하니 그저 맑은 물이 넘쳐납니다.

또 아기가 어쩌다 '방긋' 하고 웃으면 "아이고 우리 공주님, 우리 왕자님 웃기까지 하시네."하면서 그저 기쁘게 받아주니 맑은 물이 마구 넘치게 됩니다.

또 몸을 뒤척거리다가 확 엎어지니, "이제 우리 공주가 엎을 줄도 안다."고 또 떠들썩하게 환영을 하니 맑은 물이 철철 넘칩니다.

그러다가 드디어 방바닥을 기었습니다. 이제 기어갈 줄도 안다고 "경사 났네, 경사 났어."하며 맑은 물이 또 철철 넘치게 됩니다.

그런데 아기가 기어가다가 그만 잉크병을 탁 엎었습니다. 그래도 "아이고, 우리 왕자님, 우리 공주님 일까지 하시네." 하면서 환영을 하니, 그저 맑은 물이 온 세상에 철철 넘치게 되는 것입니다.

슬픈 오염의 시작

그렇게 맑은 물이 철철 넘치는 일상이 쭈욱 계속되면 얼마나 좋겠습니까? 감탄만 하던 엄마가 달라지기 시작합니다. 엄마가 드디어 '교육'을 시작한 것입니다. 교육은 꼭 필요한 것이나 그 부작용도 만만치 않습니다.

"이 아이를 이대로 수용만 하다가는 이웃집 아이에게 뒤떨어지면 어떻게 하지?" '우선 똥오줌부터 가리게 해주어야겠어.'

"똥오줌을 변기에 누어야 한다."고 며칠 동안 가르칩니다. 그러나 무심한 아이가 매일 하던 대로 그냥 똥을 쌌습니다. 그랬더니 엄마가 엉덩이를 찰싹 때리면서 "이제 '응가'는 이 변기에다 누어야 돼!"합니다.

아이는 똥만 싸면 그냥 맑은 물을 뒤집어쓸 것이라고 생각하고 있다가 엉덩이를 맞으니, 큰 충격과 함께 마음에 상처가 생기기 시작합니다. 엉덩이를 탁 맞는 순간에 "윽!"하면서 오염이 시작되는 것이지요. 시꺼먼 잉크 방울이 마음으로 떨어져 들어가 맑은 물이 오염되는 것입니다.

그러다가 또 '쉬야'를 자유롭게 했더니, "오줌도 아무 데나 싸면 안 돼." 하고 바닥을 탁탁 치며 겁을 줍니다. "오줌도 변기에 누어야 돼!"이렇게 또 소리를 칩니다. 돌변한 태도와 수없는 상처로 인해서 맑은 물이 시꺼먼 잉크 물로 점점 오염되어갑니다.

또 학교에 가니 공부 못한다고 야단을 쳐서 오염을 시킵니다. 빨리 일어나라고 야단을 하고, 정리 못 한다고 혼내고, 형제와 싸운다고 혼내고, 그러면서 오염의 강도가 점점 더 높아집니다. 그때마다 맑은 물은 시꺼먼 잉크 물로 마구 오염되어 가는 것이지요.

오염의 역사

스승님께서는 어려서부터 여러 가지를 잘하셨습니다.

초등학교 미술 시간에 그림을 그려서 냈는데, 선생님께서 "야 이 녀석아! 그림은 자기가 그려야 돼! 형들 보고 그려달라고 해서 갖고 오면 안돼!" 하신 겁니다.

교실에서 지금 내가 그렸는데 그렇게 야단을 맞으니 얼마나 억울하고 상처를 받았겠어요. 잉크 한 병을 그냥 통째로 들이부어야 될 정도로 맑은 물이 오염되었습니다.

그런데 마침 짝꿍이 "선생님! 얘 지금 내 옆에서 그렸습니다." 해주는 것이었어요. 그러니까 선생님이 "어, 이거 네가 그렸다고?" 그래서 눈물을 글썽이며 고개를 끄덕끄덕했습니다.

"야, 이 녀석 그림 잘 그리네?" 하고 칭찬을 해주었지만, 그런 칭찬 한 번 정도로는 앞서 오염된 것을 회복할 수가 없었어요.

그런데 다음날 그림이 교실 벽에 붙었습니다. 기분이 조금 좋아졌지만, 어제 당했던 억울함의 충격은 도저히 해결되지 않으셨다고 합니다.

저도 어려서 엄마에게 상처를 많이 받았습니다. 자상하지 못한 아버지와 어려운 살림살이의 짜증을 대체로 맏딸인 저에게 푸신 것이지요. 특히 밖에만 나갔다 오시면 더 많이 화를 내셨습니다.

어느 날 엄마가 시장을 가셨습니다. 초등 3학년 때였어요. '그래 오늘은 정말 엄마에게 야단맞지 말자.' 결심을 하고 방을 깨끗이 2번을 쓸고, 담요를 반듯하게 아랫목에 깔아놓았습니다.

드디어 기다리던 엄마가 오셨습니다. 그런데 엄마는 오늘도 방문을 열자마자 소리를 쳤습니다. "야 너 방 걸레로 안 닦았지?"

그래서 그때 진짜 집을 나갈까 생각을 했습니다. '내가 이렇게 매일 야단만 맞고는 살 수가 없다. 집을 나가자.'

그런데 막상 나가려고 생각을 하고 돌아서니 막막한 거예요. '밥은 누가 주나? 밤이 되면 잠은 어디서 자나? 누가 날 끌고 가면 어떻게 하지?' '무섭다. 에이 그냥 살자.' 그냥 살기로 결심한 덕에 지금까지 이렇게 잘살고 있습니다.

아버지도 따뜻한 말씀을 하시는 데는 아주 인색하셨습니다.

어느 날 감기가 몹시 걸려 아파서 끙끙대고 누워있었습니다. 아버지께서 퇴근하여 현관문을 열고 들어오시면서, "아니 어린년이 매일 어디가 아프다는 거냐?"라고 소리를 버럭 지르고 안방으로 들어가셨습니다. 대문을 열어주며 엄마가 아프다고 하셨나 봅니다.

"아이구 열이 많이 나는구나." 하며 이마라도 한번 짚어주셨으면 얼마나 좋았을까요?

또 초등학교 4학년 때는 시험지 값 300원을 내지 않았다고, 교단에 나가 여러 명이 엎드려 시험지 한 장을 앞에 놓고 공책에다 답을 써서 시험을 봤습니다. 우리나라가 가난하던 시절 이야기이지요. 엄청나게 창피하기도 하고 화가 났습니다.

오염 빼기

내 오염의 역사만 해도 이야깃거리가 이렇게 있으니, 여러분들의 이야깃거리도 한없이 많을 것입니다. 이렇게 오염되며 살아가는 것이 70억 인류의 현실입니다.

그러면 이제 '오염된 이 잉크 물을 어떻게 해결할 것이냐? 하는 문제가 생깁니다. 그냥 두고 살 수는 없지 않습니까? 그러면 이것을 어떻게 해결해야 할까요? 사실 이 오염을 정화하자는 것이, 인류의 문화 문명의 발전 역사라고 해도 틀린 말은 아닙니다. 불행한 사람들을 다시 행복하게 만드는 것입니다.

특히 교육 현장, 종교 현장은 더욱 그러합니다.

그런데 놀랍게도 이 과정에서 대체로 두 가지 오류를 범하고 있습니다. 그 두 가지 오류란 무엇이겠습니까?

오염을 빼려는 오류

우리가 지금 맑은 물 한 컵을 잉크로 오염시켰습니다.

이제, 그 잉크 물을 모두 **빼**내어 맑은 물로 만들어 볼까요? "자 잉크 나와라. 잉크 나와라. 잉크 나와라."

이 잉크 물을 다 **빼**내고 집에 가야 하는 데 얼마나 걸릴까요? 한 시간으로는 안 되겠고, 하루도 안 될 것 같고, 일주일이면 될까요? 안될 것 같지요. 이것이 첫 번째 오류입니다. 잉크 물을 **빼**내려고 잉크 물과 다투는 것입니다.

그다음에 또 하나의 오류가 있습니다. 컵 속의 이 물이 전부 시꺼멓게 오염되었지요? 바로 그것입니다. 컵 속의 물이 전부 오염되었다 하는 생각이 또 하나의 오류입니다. 사실 전체 물에 비하면 잉크 물은 몇 방울 들어가지 않았는데, 전체가 잉크물이라고 생각하는 것이지요.

어떤 사람이 한 두 가지 나쁜 행동을 한다고 해서, 그 사람 전체가 나쁘다고 할 수는 없다는 것을 잊게 되는 것입니다.

전부 시꺼멓게 오염되었다고 생각하는 오류와 잉크 물을 빼내겠다고 싸우는 오류, 이 두 가지의 오류가 인류 역사가 꾸준히 범해 왔던 양대 오류입니다. 그 오류로 인하여 상대를 비난하고, 규칙을 만들고, 법을 만들고, 감옥에 가두고...... 그래서 세상이 정화되었나요?

맑은 물 붓기

그러면 잉크 물과 싸우지 않고 물을 맑게 하는 방법은 없을까요? 있겠지요. 아주 쉬운 방법이 있습니다.

그냥 이렇게 잉크 물에 맑은 물만 부어 주면 되는 것입니다. 잉크 물이 모두 빠져나갈 때까지 맑은 물만 부어 주면 됩니다. 이렇게 하면 10년이 걸려도 빼내지 못할 잉크 물을, 단 몇 초 만에 이렇게 맑은 물로 회복되는 기적이 일어납니다. 그냥 맑은 물을 부으면, 바로 끝날 일을, 잉크와 싸우며 전쟁을 치를 필요가 없다는 것입니다.

그러면 맑은 물을 붓는다는 것은 무엇을 의미합니까? '아하, 지금 나와 내 주변 그리고 세상이 전부 오염되었고, 계속 오염을 시키고 있는 것이 우리의 현실이로구나!'

그 잘못된, 이 타락과 오염의 세계로부터 벗어나는 길은, 비난과 지적질과 처벌이 아닙니다. 그의 마음을 위로하고 공감해주고 다독여주는 것이다!를 깨닫는 것입니다.

그래서 칭찬과 격려와 지지라는 맑은 물을 부어 주는 것입니다. 이런 자각이 모두에게 일어나고 실천이 되어야 세상이 정화되고 평화로워질 것입니다. 잘못을 지적하면 반발과 저항만 생기지, 고쳐지지 않습니다.

그런데 칭찬과 공감과 지지를 해보십시오. 놀라운 일이 벌어집니다. 칭찬, 공감, 지지를 해주고, 자존감을 높여주는 것이 오염된 물을 맑게 해줄 수 있는 지름길입니다. 맑은 물 붓기가 최고의 정화도구가 되는 것입니다.

맑은 물을 붓기!!!

맑은 물을 붓는다는 것은 어떻게 하는 것일까요? 지금까지 이야기 나눈 '행복특강'을 생활 속에서 실천하는 것, 그것이 모두의 인생에 맑은 물을 부어주는 것입니다.

'삶의 5대 원리'를 알고 그렇게 살아가는 것도 맑은 물 붓기의 기본이 되겠지요. 바람직한 정체관으로 자신에 대해 자존감, 긍정감을 갖는 것, 그것을 당당하게 선언하는 것도 맑은 물 붓기입니다.

'야, 이만하면 나 정말 잘났어!' 스스로를 잘났다 하며 일단 자신을 긍정적으로 생각하고, 높게 평가하는 것입니다. 자신의 긍정을 선언하는 것이 맑은 물 붓기 제1번입니다.

그리고 '나지사명상' 중 '상대에 대한 이해와 감사할 줄 아는 것도 맑은 물 붓기'입니다. 감사는 가장 먼저 자신에게 해야 합니다. '아, 내 혼이 있어서 감사하구나! 혼을 담을 수 있는 소중한 몸이 있어 감사하구나!' 하고 자신의 혼과 몸을 감사하는 마음이 맑은 물 붓기이지요.

그리고 나와 인간관계를 맺은 모든 사람들에게 감사하고, 그것을 표현하는 것도 맑은 물 붓기입니다. 나와 인간관계를 맺은 사람들에게 감사와 더불어, 지지와 칭찬과 격려라는 덕담을 표현하는 것이 맑은 물 붓기입니다. 화삼요를 잘 실천하는 것도 대단한 맑은 물 붓기이지요.

누구에게도 비난이나 질책이나 충고라는 잉크 물을 붓지 않고, 덕담이란 맑은 물만 부으면 되는 것입니다.

이 말이 나와 상대에게 힘과 용기를 주겠다. 하는 생각이 들면 그것이 맑은 물 붓기가 됩니다. 한번 왔다가는 인생인데, 굳이 세상과 사람들에게 잉크 물을 붓는 삶을 살 필요가 없습니다.

이미 오염되어 있는 시커먼 물에서 잉크가 쏙쏙 빠져버리도록 하루하루 삶을 그냥 덕담과 칭찬과 지지라는 맑은 물만 부어봅니다. 그렇게 맑은 물 붓기를 한동안만 하고 있으면 본인이 느끼게 됩니다. '내가 무슨 복이 있어서 이렇게 평화롭고 행복하게 살게 되었을까!'

자기 인생은 자기가 사랑해야 됩니다. 내 인생을 내가 사랑해야지, 누가 사랑해주겠습니까? 순간순간 맑은 물 붓는 생활을 하는 것, 그것이 자기 인생을 사랑하는 것입니다.

마무리와 3행시

가정이나 직장에서 예쁜 주전자에 언제나 맑은 물을 가득 담아놓고, 조금이라도 마음에 걸리는 것이 있으면 물 한잔 가득 부어주고 상대에게 '기전향'을 합니다. "아침에 짜증을 내어서 정말 미안해. 앞으로는 조심할게. 오늘도 행복하고 좋은 날 되어라. 사랑해, 고마워."

그렇게 하고는, 좋은 기운이 담겨있는 그 물까지 마시면 일석삼조가 되겠지요. 삶이 평화롭고 행복해지는 생활 속의 맑은 물 붓기를 적극 권해 드리며, 행복특강 대단원의 막을 내리겠습니다. 고맙습니다.

이렇게 특별한 오늘 '맑은 물' 3행시로 마치겠습니다.

맑 : 맑은 물 붓기로 오늘 행복특강 1년을 마무리할 수 있어
　　　기쁘고, 고맙습니다.
은 : 은혜롭게 태어난 세상에서 모두에게 맑은 물을 부어줄 줄 아는,
　　　인품으로 살 수 있다는 것은 행운이고 기적이지요.
물 : 물론 우리가 그 행운과 기적의 주인공으로 살아가는 것입니다.
　　　온 세상이 나의 맑은 물로, 맑아지고 밝게 빛날 수 있을 때까지

고맙습니다. 사랑합니다. 축복합니다. 행복하세요.

52강 공(空) 책자에서 주신 스승님의 해제 말씀
꼭 먼저 읽을거리

해제의 이름을 '꼭 먼저 읽을거리'라고 붙였습니다.

왜 이런 유별난 이름을 붙였을까요? 이제부터 여러분은 줄곧 '공(空)'이라는 것 하나에 대해 사유하게 될 것입니다. 대학교 2학년이던 1963년 반야심경의 색즉시공(色卽是空)을 이해하면서 일생일대의 환희 체험을 했습니다.

그 후 '공(空)'은 내 삶의 나침반이 되었습니다. 자연히 공의 이치와 이해에 관심을 기울이며 살아온 셈입니다. 그즈음 공을 깨닫는 접근법을 10개 정립하였고 그 후로 접근법을 하나씩 보태어 27개로 책을 내게 되었습니다.

우리는 왜 공(空)과 공리(空理)를 공부해야 하는 걸까요? 공(空)의 공부는 공을 이해하는 차원을 넘어서서 깨달음의 차원으로, 깨달음의 차원을 넘어서서 증득(證得)의 차원으로 나아가야 합니다.

공리(空理)와 행불행(幸不幸)

인생에서 근본적인 문제는 고통, 곧 불행입니다. 고통에서 벗어나 행복에 이르는 것, 이고득락(離苦得樂)이 인생의 목적입니다.

고통을 벗어나려면 고통의 원인을 알아야 합니다. 고통의 원인은 치(痴), 탐(貪), 진(瞋) 삼독(三毒)입니다. 삼독 중에서도 치(痴)가 원인 중의 원인입니다. 그 원천적 어리석음이 씨앗이 되어 어리석음이 끊임없이 생겨나며, 사람들은 더더욱 그 속에 빠져듭니다.

인류사의 모든 고통과 전쟁이 사라지려면 그 원천적인 어리석음이 제거되어야 하는데, 그 어리석음이 무엇이라고 생각하십니까?

그것은 바로 '나와 세상이 없는데 있다고 생각하는 것'입니다. 진정 제대로 행복해지기를 원한다면 해탈을 해야 하고, 해탈을 위해서는 '없는 것을 없다.'라고 바르게 깨달아야 합니다. 분명히 있다고 여겨지는데 잘 사유해보면 없는 법입니다.

치과에 가서 아픈 이를 치료하거나, 경제를 일으켜 살림을 풍요롭게 하고, 교육을 통해 심성을 순화시켜서 고통을 줄어들게 하는 것도 의미가 있습니다.

그러나 근본적인 처방이 없는 한 고통은 언제까지나 지속될 수밖에 없습니다. 뿌리 속의 뿌리까지 완벽하게 도려내는 고통의 근치(根治) 약재, 그것이 바로 있다고 여겨지는 것을 없음으로 보는 공(空)사상입니다.

깨달음과 해탈감

거듭 이르거니와 공리(空理)를 이해함으로써 '과연 그렇구나! 없구나! 나, 너, 세상이란 본래 없구나!' 하는 인식이 확연해지면 경계(境界)에 끄달리던 구속감이 사라지고 열린 해탈감이 느껴집니다.

해탈감이란 느낌은 공리이해의 결정적인 공덕이 되는 것입니다.

공의 이치를 깨달았다면 필히 그 깨달음에 따르는 느낌이 있는 법인데 그 느낌에 유념하지 못한다면 참으로 유감스러운 일입니다.

학문의 유감은 그곳에 있습니다. 느낌에 유념하느냐, 하지 않느냐 하는 것이 도(道)와 학(學)의 차이입니다. 우리는 공리(空理)의 이해에 상응하는 느낌이 느껴지는가에 유념해야 합니다.

방편으로서의 공리(空理)

이 가르침은 그 자체가 진리이기 때문에 설해지는 것이 아니라, 불행을 떠나서 행복으로 가는 수단이 되기 때문에 더 큰 의미를 지닙니다.

물론 공이나 공리는 그 자체가 학문적인 진리성을 지니고 있음을 부정할 수는 없지만, 이고득락의 결정적인 방편이기 때문에 귀히 대접하고 있는 것입니다.

방편으로 채택되고 있는 말씀들이 진리성을 아우른다면 물론 좋겠지만 진리가 아니더라도 이고득락(행복해탈)의 수단이 된다면 훌륭한 가르침인 것입니다.

책에 있는 27개 공리(空理) 역시 일단 진리성(眞理性) 차원이 아닌, 방편성(方便性) 차원에서 다루어지고 있음을 밝힙니다. 주(主)나 객(客)에 대한 분별-시비-집착을 내려놓게 하여 자유로움을 경험하게 하는 관점이 있다면 어떤 관점이든 공리(空理)인 것입니다.

존중과 교류

나아가 모든 공부인들이 잊어서는 안 될 대단히 중요한 점을 말씀드립니다. 그것은 공리의 이해와 체득만이 해탈을 위한 유일한 길이라고 생각해서는 안 된다는 것입니다.

공리라는 처방전은 우리 인간의 고통을 해결하는 데 있어 그 이상 더 뛰어날 수 없다고 할 만큼 탁월하고 근원적인 길임에는 틀림없다고 보지만, 우리 인류에겐 불행을 떠나 행복으로 가는 길과 해탈을 위한 길이 얼마든지 열려 있음을 잊지 말아야 합니다.

즉 "이것만이 유일한 길이다."식의 진리라는 고집에 떨어지는 일은 크게 경계해야 한다는 것입니다.

자기의 것에는 진리라는 이름을 내걸고 다른 이의 진리 말씀은 틀렸다고 시비하는 심리가 역사의 곳곳에서 얼마나 피비린내 나는 참혹상을 빚어내고 있습니까?

인간의 지성은 숙연한 마음으로 돌아보아야 합니다. 우리 모두의 행복을 위해 수단으로 존재하는 것이 진리입니다. 자기가 믿는 진리에 충성을 다하는 것은 아름다운 일입니다.

그런데 내가 지지하지 않는 진리에 충성을 다하는 사람들을 존중하는 것은 더 아름답습니다.

오늘은 내 진리가 옳고 네 진리가 옳지 않다고 여겨질지라도 내일은 네 진리도 정당성이 있게 여겨질 수 있으며, 모레에는 내 진리를 접고 네 진리에 귀의할지도 모릅니다.

그러므로 꾸준히 존중하면서 진지한 교류를 통해 더욱 온당하고 보다 지고한 진리를 향해 나아가야 합니다. 이처럼 열려있는 의식으로 자신의 길을 가는 사람, 그러한 사람이 진정 교양인입니다.

-용타스님-

참고도서	1. 행복노트	용타지음	행복마을
	2. 마음공부	용타지음	민족사
	3. 생각이 길이다.	용타지음	민족사
	4. 공(空) (공을 깨닫는 27가지 길)	용타지음	민족사
	5. 영혼을 위한 닭고기수프	마크 빅터 한센, 류시화 옮김	푸른 숲
	6. 성찰이야기		학토재
	7. 아론 그대로 행복하라	김재윤	

발행일 _ 2022년 1월 18일

발행인 _ 이종구

저　자 _ 정덕모

미디어 홍보팀 _ 최상국, 이월례, 명다경, 김민진, 노지영, 노승유, 장선경

캘리그라피 _ 글꽃문화연구소 정선영

디자인 콘텐츠팀 _ 양지윤

펴낸 곳 _ 에스엔에스 소통연구소

주소 _ 서울시 종로구 동숭동 1-89 석마빌딩 3층

홈페이지 _ SNS소통연구소 blog.naver.com/urisesang71

　　　　　소통대학교 snswork.com

책 문의 _ 이종구 010 9967 6654

팩스 _ 0507-090-6654

이메일 _ snsforyou@gmail.com